Navigare l'Onda dell'AI: Rivoluzionare il Business con ChatGPT

Una Guida Completa alla Trasformazione Digitale: Dalle Fondamenta dell'Intelligenza Artificiale alle Strategie Avanzate per il Futuro del Business

Francesco Gonzi

1. **Introduzione a ChatGPT e AI nel Business Online**: Spiega cosa sono ChatGPT e l'intelligenza artificiale, come funzionano, e perché sono rilevanti per il business online.

2. **Storia e Sviluppo dell'Intelligenza Artificiale**: Un breve excursus storico su come l'intelligenza artificiale si è evoluta fino a ChatGPT.

3. **Basi di ChatGPT**: Comprendere come interagire con ChatGPT, inclusi i comandi di base e le migliori pratiche.

4. **Creare Contenuti con ChatGPT**: Guida su come utilizzare ChatGPT per generare contenuti blog, post sui social media, newsletter e altro ancora.

5. **Ottimizzazione SEO con ChatGPT**: Strategie per utilizzare ChatGPT per la ricerca di parole chiave, la creazione di contenuti SEO-friendly e l'ottimizzazione dei siti web.

6. **Automazione e Efficienza**: Come ChatGPT può automatizzare compiti ripetitivi, dalla risposta alle email alla gestione dei social media, liberando tempo per attività più strategiche.

7. **ChatGPT per il Servizio Clienti**: Implementazione di ChatGPT in chatbot per il

servizio clienti per fornire risposte rapide e personalizzate 24/7.

8. **Analisi dei Dati e Insight**: Utilizzo di ChatGPT per analizzare grandi quantità di dati, estrarre insight utili e supportare la presa di decisioni basata sui dati.

9. **ChatGPT e E-commerce**: Migliorare l'esperienza di acquisto online con chatbot intelligenti, descrizioni di prodotti personalizzate e supporto post-vendita.

10. **Personalizzazione e Marketing Targetizzato**: Come ChatGPT può aiutare a personalizzare le strategie di marketing e comunicazione per segmenti di pubblico specifici.

11. **Formazione e Educazione con ChatGPT**: Utilizzare ChatGPT per creare materiali didattici personalizzati, corsi online e sessioni di tutoring.

12. **Generazione di Idee e Brainstorming**: Come ChatGPT può essere utilizzato per generare nuove idee di business, prodotti e servizi innovativi.

13. **ChatGPT per la Scrittura Creativa**: Utilizzo di ChatGPT per scrivere racconti, poesie, sceneggiature e altro ancora, superando il blocco dello scrittore.

14. **Aspetti Legali e Etici dell'uso di ChatGPT**: Guida agli aspetti legali e alle questioni etiche relative all'uso di ChatGPT e AI nel business.

15. **Sicurezza e Privacy**: Proteggere le informazioni aziendali e la privacy dei clienti quando si utilizzano strumenti AI come ChatGPT.

16. **Integrazione di ChatGPT con Altri Strumenti**: Come ChatGPT può essere integrato con altri strumenti software e piattaforme per massimizzare l'efficienza.

17. **Case Studies di Successo**: Esempi reali di come aziende e imprenditori hanno utilizzato ChatGPT per crescere e prosperare online.

18. **Sfide e Limitazioni di ChatGPT**: Discussione onesta sulle limitazioni attuali di ChatGPT e come superare le possibili sfide.

19. **Il Futuro di ChatGPT e AI nel Business**: Speculazioni educate sul futuro di ChatGPT, intelligenza artificiale, e il loro impatto sul mondo degli affari.

20. **Risorse e Strumenti Aggiuntivi**: Fornire una lista di risorse, corsi, strumenti, e comunità per chi vuole approfondire l'uso di ChatGPT e AI nel business.

Introduzione a ChatGPT e l'Intelligenza Artificiale nel Business Online

ChatGPT e l'intelligenza artificiale (AI) stanno rivoluzionando il modo in cui le aziende interagiscono con i clienti e gestiscono le operazioni interne. ChatGPT, sviluppato da OpenAI, è un modello di linguaggio basato sull'AI che può comprendere e generare testo in modo coerente e contestualmente appropriato. L'intelligenza artificiale, invece, si riferisce a sistemi o macchine capaci di eseguire compiti che normalmente richiedono l'intelligenza umana, come l'apprendimento, il ragionamento e l'adattamento.

Queste tecnologie sono particolarmente rilevanti per il business online, poiché possono migliorare l'efficienza, personalizzare l'esperienza del cliente e automatizzare compiti ripetitivi, tra le altre cose. Dall'assistenza clienti all'ottimizzazione SEO, dalla generazione di contenuti alla gestione dei dati, l'impiego di ChatGPT e dell'AI offre un vantaggio competitivo significativo.

Storia e Sviluppo dell'Intelligenza Artificiale

L'intelligenza artificiale ha le sue radici negli anni '50, con il test di Turing come uno dei primi concetti. Da allora, il campo ha visto sviluppi significativi, passando dall'AI simbolica e dai sistemi basati su regole agli attuali modelli di apprendimento profondo come ChatGPT. Quest'ultimo rappresenta la frontiera dell'AI, grazie alla sua capacità di processare e generare linguaggio naturale in modo avanzato, apprendendo da enormi quantità di testo.

Basi di ChatGPT

Per interagire efficacemente con ChatGPT, è fondamentale comprendere alcuni comandi di base e le migliori pratiche. ChatGPT risponde a prompt testuali, quindi formulare chiaramente le domande o le richieste è cruciale. Anche conoscere le funzionalità specifiche, come la capacità di seguire contesti o mantenere un filo logico, può migliorare l'interazione.

Creare Contenuti con ChatGPT

ChatGPT può generare vari tipi di contenuti, dai post per blog e social media, alle newsletter, offrendo uno strumento versatile per i creatori di contenuti. Utilizzando prompt dettagliati e specifici, è possibile guidare il modello nella creazione di testi accattivanti e pertinenti al target di riferimento.

Ottimizzazione SEO con ChatGPT

L'AI può assistere nella ricerca di parole chiave e nella generazione di contenuti ottimizzati per i motori di ricerca, contribuendo a migliorare la visibilità online. ChatGPT, con la sua profonda comprensione del linguaggio, può aiutare a creare articoli, titoli e descrizioni che siano non solo SEO-friendly ma anche piacevoli per il lettore umano.

Automazione e Efficienza

L'automazione di compiti ripetitivi, come la gestione delle email o dei social media, libera risorse preziose che possono essere dedicate a iniziative più strategiche. ChatGPT può essere programmato per svolgere queste attività con un alto livello di personalizzazione e precisione.

ChatGPT per il Servizio Clienti

Implementando ChatGPT nei chatbot di assistenza clienti, è possibile fornire risposte immediate e personalizzate in qualsiasi momento. Questo migliora l'esperienza del cliente e riduce il carico di lavoro sul personale di supporto.

Analisi dei Dati e Insight

ChatGPT può analizzare grandi volumi di dati, estrarre informazioni rilevanti e fornire insight per supportare decisioni basate sui dati. Questa capacità è particolarmente preziosa in contesti dove la velocità e l'accuratezza delle informazioni possono determinare il successo di una strategia di business.

ChatGPT e E-commerce

Nel settore e-commerce, ChatGPT può migliorare l'esperienza di acquisto online attraverso chatbot intelligenti, descrizioni di prodotti personalizzate e supporto post-vendita efficace, contribuendo ad aumentare le conversioni e la fedeltà dei clienti.

L'introduzione di ChatGPT e dell'intelligenza artificiale (AI) nel panorama del business online segna una svolta epocale nella maniera in cui le aziende si approcciano alla comunicazione, all'elaborazione dei dati e all'interazione con i clienti. Queste tecnologie offrono possibilità innovative per ottimizzare le operazioni, personalizzare l'esperienza utente e scalare i servizi offerti con un effetto diretto sulla crescita e sull'efficienza aziendale.

Cosa sono ChatGPT e l'intelligenza artificiale?

- **Intelligenza Artificiale (AI)**: L'AI è un ramo dell'informatica dedicato alla creazione di sistemi capaci di eseguire compiti che, in condizioni normali, richiederebbero l'intelligenza umana. Questi compiti includono il riconoscimento di schemi, l'apprendimento da dati, la comprensione del linguaggio naturale, la percezione visiva e la decisione autonoma.

- **ChatGPT**: Sviluppato da OpenAI, ChatGPT è un avanzato modello di linguaggio basato sull'intelligenza artificiale, specificamente progettato per comprendere e generare testo in modo naturale e contestualizzato. Si basa su GPT (Generative Pre-trained Transformer), una tecnologia di apprendimento automatico che apprende da vasti dataset di testo per produrre risposte coerenti e pertinenti a vari tipi di prompt.

Come funzionano?

L'AI lavora attraverso algoritmi di machine learning e deep learning, che le permettono di "apprendere" da enormi quantità di dati. Gli algoritmi identificano schemi, traggono inferenze e fanno previsioni. ChatGPT, in particolare, utilizza un modello di transformer, che gli consente di valutare il contesto di una richiesta su diverse dimensioni, producendo risposte che non sono solo tecnicamente accurate ma anche contestualmente appropriate.

Perché sono rilevanti per il business online?

1. **Miglioramento dell'esperienza del cliente**: ChatGPT può essere utilizzato per fornire assistenza clienti 24/7 attraverso chatbot, offrendo risposte immediate e personalizzate. Questo incrementa la soddisfazione del cliente e può ridurre significativamente i tempi di attesa.

2. **Automazione dei processi**: Dalla gestione delle e-mail alla pianificazione dei post sui social media, ChatGPT può automatizzare una vasta gamma di compiti, permettendo alle aziende di ridistribuire le risorse umane su compiti di maggiore valore aggiunto.

3. **Generazione di contenuto**: La creazione di contenuti per blog, newsletter, e social media è essenziale nel marketing digitale. ChatGPT può generare testi creativi e informativi, riducendo il carico di lavoro del team di marketing e

mantenendo un flusso costante di contenuti rilevanti.

4. **Supporto decisionale basato sui dati**: L'intelligenza artificiale può analizzare grandi volumi di dati per estrarre insight, prevedere tendenze di mercato e comportamenti dei consumatori, supportando così le decisioni strategiche basate su dati concreti.

5. **Personalizzazione**: L'AI consente una personalizzazione su larga scala delle esperienze di acquisto e delle interazioni online, adattando i contenuti e le raccomandazioni ai singoli utenti basandosi sulle loro precedenti interazioni e preferenze.

In conclusione, l'adozione di ChatGPT e dell'AI nel business online non è solo una questione di miglioramento dell'efficienza operativa; rappresenta un cambiamento fondamentale nel modo in cui le aziende interagiscono con i loro clienti, comprendono i loro dati e ottimizzano le loro strategie di marketing e vendita. Queste tecnologie stanno ridefinendo i confini del possibile nel mondo del business digitale, aprendo nuove vie per l'innovazione e la crescita.

L'incorporazione di ChatGPT e dell'intelligenza artificiale nel tessuto del business online rappresenta una trasformazione radicale, spingendo le aziende verso orizzonti precedentemente inimmaginabili. Questa sezione esplora ulteriormente le dimensioni attraverso cui ChatGPT e l'AI stanno ridefinendo il concetto di efficienza, innovazione e personalizzazione nel contesto aziendale digitale.

Ottimizzazione delle Risorse e Riduzione dei Costi

L'automazione offerta da ChatGPT non si limita solo a migliorare l'efficienza ma gioca un ruolo cruciale nella riduzione dei costi operativi. Ad esempio, l'implementazione di chatbot intelligenti per gestire le richieste di base del servizio clienti può significativamente ridurre la necessità di un grande team di supporto, consentendo alle aziende di reallocare quelle risorse finanziarie in aree strategiche come la ricerca e lo sviluppo. Analogamente, l'uso dell'AI per automatizzare il processo di analisi dei dati elimina il bisogno di team dedicati a queste attività, riducendo i costi e aumentando allo stesso tempo la precisione delle analisi.

Incremento della Competitività e dell'Innovazione

L'adozione precoce di tecnologie AI come ChatGPT può fornire alle aziende un vantaggio competitivo significativo. In un mercato sempre più saturo, la capacità di offrire risposte rapide, personalizzate e accurate ai clienti può distinguere un'azienda dalle sue concorrenti. Inoltre, l'utilizzo creativo di ChatGPT per generare contenuti unici, come post per blog, articoli e materiali di marketing innovativi, può incrementare l'engagement del pubblico e rafforzare la brand identity.

Miglioramento del Processo Decisionale

L'intelligenza artificiale ha il potenziale per trasformare il processo decisionale aziendale. Attraverso l'analisi predittiva e la modellazione di scenari, l'AI può fornire alle aziende previsioni accurate riguardanti le tendenze di mercato, il comportamento dei consumatori e l'efficacia delle campagne di marketing. Queste informazioni possono aiutare i leader aziendali a prendere decisioni strategiche informate, minimizzando i rischi e massimizzando le opportunità di crescita.

Personalizzazione su Scala

Uno dei vantaggi più significativi dell'AI nel business online è la capacità di offrire esperienze altamente personalizzate a un ampio pubblico. Sfruttando i dati raccolti dalle interazioni degli utenti, ChatGPT può generare raccomandazioni di prodotti, contenuti e offerte che si adattano alle preferenze individuali. Questo livello di personalizzazione non solo migliora l'esperienza dell'utente ma può anche aumentare la fedeltà del cliente e il valore del ciclo di vita del cliente.

Sfide e Considerazioni Etiche

Nonostante i numerosi vantaggi, l'integrazione di ChatGPT e dell'AI nel business online porta con sé una serie di sfide e considerazioni etiche. La questione della privacy dei dati è di primaria importanza, poiché l'uso di AI richiede l'accesso a grandi volumi di dati personali. Le aziende devono quindi assicurarsi di adottare pratiche di raccolta e gestione dei dati trasparenti e conformi alle normative vigenti. Inoltre, c'è il rischio di dipendenza eccessiva dall'AI, che potrebbe portare a una riduzione delle capacità decisionali umane e a una potenziale perdita di posti di lavoro in determinati settori.

Verso un Futuro Integrato

Guardando al futuro, è chiaro che ChatGPT e l'intelligenza artificiale continueranno a svolgere un ruolo cruciale nel plasmare il panorama del business online. Man mano che queste tecnologie si evolvono, offriranno opportunità ancora più ampie per l'innovazione, la personalizzazione e l'efficienza. Tuttavia, per realizzare appieno il loro potenziale, sarà fondamentale affrontare le sfide etiche e operative associate al loro uso. Integrando strategicamente l'AI con l'intelligenza umana e adottando un approccio etico e responsabile, le aziende possono sfruttare il potenziale di ChatGPT e dell'intelligenza artificiale per reinventare non solo le proprie operazioni ma anche per definire nuovi standard nel servizio al cliente, nella gestione dei dati e nella creazione di esperienze utente.

Evoluzione Continua della Tecnologia e Adattabilità Aziendale

L'evoluzione rapida delle capacità di ChatGPT e dell'AI in generale richiede un impegno costante delle aziende verso l'apprendimento e l'adattamento. Mantenere un passo con le innovazioni tecnologiche non è solo una questione di implementazione di nuovi strumenti, ma richiede anche un cambiamento culturale all'interno delle organizzazioni. Promuovere una cultura dell'innovazione, dove il personale è incoraggiato a esplorare nuove idee e soluzioni basate sull'AI, può essere cruciale per sfruttare pienamente le potenzialità di queste tecnologie.

Integrazione Olistica dell'AI nei Processi Aziendali

L'adozione di ChatGPT e dell'intelligenza artificiale non deve essere vista come un add-on o una soluzione temporanea, ma come parte integrante della strategia aziendale complessiva. Ciò richiede un approccio olistico all'integrazione dell'AI, considerando come può migliorare non solo l'assistenza clienti o il marketing, ma anche le operazioni, la supply chain, la gestione del rischio e altre aree funzionali. Questo tipo di integrazione può aiutare a creare sinergie interne, migliorare la coerenza delle operazioni e ottimizzare complessivamente l'efficienza aziendale.

Risvolti Globali e Impatto Socioeconomico

L'impiego di ChatGPT e dell'AI nel business online ha anche implicazioni più ampie a livello globale. La capacità di superare le barriere linguistiche e culturali, per esempio, rende possibile un'espansione più fluida dei business in nuovi mercati. Tuttavia, questo solleva anche questioni relative all'equità e all'accessibilità, poiché le aziende con risorse sufficienti per investire in queste tecnologie potrebbero acquisire vantaggi significativi rispetto ai concorrenti più piccoli o ai nuovi entranti. Inoltre, l'automazione su larga scala potrebbe avere un impatto sul mercato del lavoro, con la potenziale riduzione di posti di lavoro in determinati settori, mentre ne crea di nuovi in altri.

Sicurezza, Affidabilità e Trust

Nell'era digitale, la sicurezza e l'affidabilità delle tecnologie AI come ChatGPT diventano questioni di primaria importanza. Le aziende devono assicurarsi che i sistemi siano non solo efficaci ma anche sicuri contro violazioni dei dati e usi impropri. La creazione di trust nei confronti delle soluzioni AI da parte dei clienti e degli stakeholder è fondamentale, il che richiede trasparenza nelle operazioni, nella gestione dei dati e nelle decisioni basate sull'AI. Garantire che ChatGPT e tecnologie simili siano utilizzate in modo etico e responsabile contribuirà a costruire questo trust.

Personalizzazione Avanzata e Esperienze Immersive

Guardando al futuro, le capacità avanzate di personalizzazione offerte da ChatGPT e dall'AI promettono di portare l'esperienza utente online a nuovi livelli di immersione. Immaginiamo scenari in cui le esperienze di shopping online o di apprendimento digitale siano completamente personalizzate in base ai bisogni, agli interessi e al comportamento di ogni utente, creando percorsi utente che si adattano dinamicamente e migliorano con ogni interazione. Questa evoluzione non solo aumenterà l'engagement e la soddisfazione degli utenti ma aprirà anche la strada a nuovi modelli di business e strategie di engagement.

In conclusione, mentre esploriamo le vastità inesplorate dell'integrazione di ChatGPT e dell'AI nel business online, è chiaro che le possibilità sono tanto ampie quanto le sfide. Le aziende che riescono a navigare in questo paesaggio in evoluzione, mantenendo al contempo un'etica forte e una visione orientata al futuro, non solo trarranno vantaggio in termini di crescita e innovazione ma contribuiranno anche a plasmare un nuovo paradigma nel mondo degli affari digitali.

Verso una Nuova Era di Interazione Umano-Macchina

La relazione tra umani e macchine è in una fase di rapida evoluzione, spinta dall'adozione di ChatGPT e tecnologie AI correlate. Questo nuovo paradigma di interazione promette di rendere le interfacce uomo-macchina più intuitive, efficienti e, soprattutto, più umane. Stiamo avanzando verso sistemi in cui le macchine non solo comprendono il linguaggio naturale ma anche il contesto emotivo e le sfumature sottili della comunicazione umana. Questo potrebbe portare a un miglioramento significativo nella qualità dell'assistenza clienti automatizzata, rendendola più empatica e personalizzata.

Impatto sulla Produttività e sulla Creatività

L'integrazione di ChatGPT e dell'AI nei processi aziendali ha il potenziale non solo di aumentare la produttività ma anche di sbloccare nuovi livelli di creatività. Con l'automazione dei compiti ripetitivi, i lavoratori possono dedicare più tempo a compiti che richiedono un pensiero critico, risoluzione creativa dei problemi e innovazione. Questo cambio di focus può accelerare lo sviluppo di nuovi prodotti e servizi, stimolare l'innovazione in campi inesplorati e incentivare un approccio più sperimentale al business.

Democratizzazione dell'Accesso all'Intelligenza Artificiale

Man mano che le soluzioni basate su ChatGPT e altre tecnologie AI diventano più accessibili, assistiamo a una democratizzazione dell'accesso all'intelligenza artificiale. Piccole imprese e start-up ora hanno la possibilità di sfruttare strumenti avanzati di AI che erano precedentemente alla portata solo di grandi corporazioni. Questo livellamento del campo di gioco consente una maggiore innovazione e concorrenza, arricchendo l'ecosistema di business con nuove idee e soluzioni.

Evoluzione dei Modelli di Business

L'adozione diffusa di ChatGPT e dell'AI sta anche spingendo le aziende a ripensare e adattare i loro modelli di business. La personalizzazione su scala, l'efficienza operativa migliorata e la capacità di generare insights basati sui dati in tempo reale aprono nuove vie per la monetizzazione e la valorizzazione del cliente. In alcuni settori, questo potrebbe portare a un cambiamento radicale nel modo in cui i prodotti e i servizi vengono sviluppati, commercializzati e consegnati ai consumatori.

Educazione e Formazione nel Nuovo Paesaggio Digitale

Mentre ChatGPT e l'AI continuano a permeare il business online, emerge anche la necessità di nuove competenze e conoscenze tra la forza lavoro. La formazione e l'educazione sui principi dell'intelligenza artificiale, la gestione dei dati, la sicurezza informatica e l'etica diventano essenziali per preparare i lavoratori a operare efficacemente in questo nuovo ambiente. Questo pone l'accento sull'importanza dell'apprendimento continuo e sull'adattabilità come competenze chiave per il futuro del lavoro.

Riflessioni Finali

L'integrazione di ChatGPT e dell'intelligenza artificiale nel business online sta tracciando la via verso un futuro in cui la tecnologia e l'umanità si intrecciano in modi sempre più sofisticati e benefici. Se da un lato questa transizione presenta sfide significative, dall'altro offre opportunità straordinarie per innovare, personalizzare e migliorare ogni aspetto delle operazioni aziendali e dell'esperienza del cliente. Con una considerazione attenta delle implicazioni etiche e un impegno verso l'eccellenza e la sostenibilità, le aziende possono guidare questa ondata di cambiamento, creando valore non solo per se stesse ma anche per la società nel suo insieme.

Approfondimento sull'Impatto Ambientale dell'AI

Man mano che esploriamo le possibilità infinite che ChatGPT e l'intelligenza artificiale offrono al mondo del business online, non possiamo ignorare l'impatto ambientale di queste tecnologie. L'elaborazione e l'analisi di dati su larga scala richieste dall'AI consumano una quantità significativa di energia elettrica, sollevando preoccupazioni sulla sostenibilità di queste operazioni. In risposta, vi è un crescente interesse e investimento nello sviluppo di tecnologie di AI più efficienti dal punto di vista energetico e nell'uso di energie rinnovabili per alimentare i data center. Questo non solo mira a ridurre l'impronta di carbonio dell'AI ma rappresenta anche un passo verso un futuro più sostenibile per il business digitale.

Sfide di Governance e Regolamentazione

L'ascesa di ChatGPT e dell'intelligenza artificiale pone nuove sfide in termini di governance e regolamentazione. Con l'AI che gioca un ruolo sempre più centrale nelle decisioni aziendali e nella vita quotidiana, emerge la necessità di quadri normativi che ne guidino l'uso etico e responsabile. Governi e organizzazioni internazionali sono chiamati a elaborare leggi e linee guida che bilancino l'innovazione con la protezione dei diritti individuali e la sicurezza collettiva. Questo include questioni come la privacy dei dati, la responsabilità per le decisioni prese dalle macchine e la prevenzione dell'uso scorretto o dannoso dell'AI.

La Convergenza dell'AI con Altre Tecnologie

Il futuro dell'AI nel business online non riguarda solo l'intelligenza artificiale in sé ma anche la sua convergenza con altre tecnologie emergenti. Blockchain, Internet delle Cose (IoT), realtà aumentata (AR) e realtà virtuale (VR) sono solo alcune delle aree in cui l'AI sta trovando applicazioni rivoluzionarie. Questa convergenza ha il potenziale di creare sistemi più sicuri, trasparenti e immersivi, offrendo nuovi modi per le aziende di interagire con i clienti, gestire le operazioni e proteggere i dati. Per esempio, l'integrazione dell'AI con la blockchain può migliorare la sicurezza e l'efficienza delle transazioni online, mentre la combinazione di AI e IoT può portare a una gestione più intelligente delle supply chain.

Impatto sulla Salute Mentale e sul Benessere

Un'altra dimensione rilevante dell'uso di ChatGPT e dell'AI nel business online riguarda il loro impatto sulla salute mentale e sul benessere degli individui. Da un lato, l'automazione di compiti ripetitivi e l'assistenza personalizzata possono ridurre lo stress e migliorare la qualità della vita lavorativa. Dall'altro, la dipendenza dall'AI e la potenziale perdita di posti di lavoro possono creare ansia e preoccupazioni tra i lavoratori. È essenziale che le aziende adottino un approccio olistico che consideri non solo gli aspetti tecnologici e finanziari ma anche l'impatto delle loro scelte tecnologiche sul benessere dei loro dipendenti e della società in generale.

Innovazione nel Settore Educativo

L'AI ha il potenziale di trasformare radicalmente anche il settore educativo, offrendo opportunità per un apprendimento più personalizzato e accessibile. ChatGPT può essere utilizzato per sviluppare tutor virtuali, materiali didattici personalizzati e piattaforme interattive che si adattano ai bisogni e al ritmo di apprendimento di ciascun studente. Questo non solo può migliorare l'efficacia dell'insegnamento ma aprire l'istruzione a persone che altrimenti non avrebbero accesso a risorse educative di qualità. Affrontare le sfide legate alla disparità nell'accesso alla tecnologia diventa quindi fondamentale per realizzare pienamente i benefici dell'AI nel campo dell'educazione.

Mentre procediamo in questo viaggio attraverso l'esplorazione del vasto e dinamico paesaggio che ChatGPT e l'intelligenza artificiale stanno disegnando nel contesto del business online, ci troviamo di fronte a un orizzonte di possibilità praticamente illimitate. L'adozione e l'integrazione di queste tecnologie stanno catalizzando trasformazioni profonde non solo nelle modalità operative delle aziende ma anche nelle strutture stesse dei mercati, nelle esperienze dei consumatori e nelle prospettive economiche globali. Tuttavia, questo cammino verso l'innovazione e l'efficienza attraverso l'AI porta con sé un complesso intreccio di sfide tecniche, etiche, sociali ed economiche.

L'imperativo di navigare con successo in questo paesaggio richiede un equilibrio delicato tra l'esplorazione audace delle capacità dell'AI e la considerazione scrupolosa delle sue implicazioni a lungo termine. Le aziende, guidate da una visione strategica e da un impegno verso l'innovazione responsabile, devono affrontare questioni di privacy, sicurezza, equità e impatto ambientale con la stessa determinazione con cui cercano di ottenere vantaggi competitivi e operativi.

La governance e la regolamentazione giudiziosa dell'AI, che bilancino stimoli all'innovazione con la tutela dei diritti individuali e la sicurezza collettiva, saranno fondamentali per assicurare che i benefici delle tecnologie emergenti siano accessibili a tutti e contribuiscano a un progresso equo e sostenibile. Allo stesso tempo, l'istruzione e la formazione continua diventano imperativi critici per preparare la forza lavoro a un futuro in cui le competenze legate all'AI e alla gestione dei dati saranno indispensabili.

La convergenza di ChatGPT e dell'AI con altre tecnologie emergenti apre la strada a innovazioni che potrebbero trasformare radicalmente non solo il modo in cui facciamo affari ma anche come viviamo, comunichiamo e apprendiamo. Tuttavia, per realizzare questo potenziale in modo che benefici l'umanità nel suo insieme, è necessaria una visione olistica che includa l'innovazione tecnologica, la responsabilità sociale d'impresa e la sostenibilità ambientale come pilastri fondamentali della strategia aziendale.

In conclusione, mentre ci avventuriamo ulteriormente nell'era di ChatGPT e dell'intelligenza artificiale, ci troviamo all'alba di una nuova rivoluzione industriale e sociale. Le aziende che riusciranno a cavalcare l'onda dell'AI con saggezza, etica e un forte senso di responsabilità non solo trarranno vantaggio in termini di crescita e innovazione ma saranno anche le artefici di un futuro in cui la tecnologia agisce come forza di bene, migliorando la vita di individui e comunità in tutto il mondo. La strada da percorrere è complessa e costellata di sfide, ma con l'impegno congiunto di imprese, governi, istituti di ricerca e società civile, le opportunità per un progresso significativo e sostenibile sono immense.

2. Storia e Sviluppo dell'Intelligenza Artificiale: Un breve excursus storico su come l'intelligenza artificiale si è evoluta fino a ChatGPT.

La storia e lo sviluppo dell'intelligenza artificiale (AI) è un viaggio affascinante che attraversa decenni di ricerca, sperimentazione e innovazione. Dalle sue umili origini alle sue applicazioni all'avanguardia di oggi, l'AI ha subito una trasformazione radicale, influenzando profondamente il modo in cui viviamo, lavoriamo e interagiamo con il mondo digitale. Questo percorso ha portato allo sviluppo di tecnologie avanzate come ChatGPT, che rappresenta uno dei più recenti e significativi traguardi nel campo dell'AI.

Le Origini e i Primi Anni

L'idea di macchine capaci di pensare e apprendere risale a molto tempo fa, ma è negli anni '50 che l'intelligenza artificiale come campo di studio ha preso forma. Alan Turing, matematico britannico, propose il "test di Turing" come criterio per valutare l'intelligenza di una macchina, ponendo le basi concettuali per l'AI. Nel 1956, durante la conferenza di Dartmouth, il termine "intelligenza artificiale" fu coniato ufficialmente, segnando l'inizio dell'AI come disciplina accademica. Gli anni successivi videro lo sviluppo dei primi programmi AI capaci di risolvere problemi di algebra e giocare a scacchi.

L'Ascesa dei Sistemi Esperti e le Prime Sfide

Gli anni '70 e '80 furono testimoni dell'emergere dei sistemi esperti, programmi progettati per emulare il processo decisionale di un esperto umano in campi specifici come la medicina o la geologia. Tuttavia, questi sistemi erano limitati dalla loro incapacità di apprendere o adattarsi a nuovi dati autonomamente, il che portò a un periodo di ridotto entusiasmo e finanziamenti, noto come "inverno dell'AI".

L'Era dell'Apprendimento Automatico

La rinascita dell'interesse per l'AI fu stimolata dai progressi nell'apprendimento automatico (machine learning) alla fine degli anni '80 e nei primi anni '90. Questo approccio si basava sull'idea che le macchine potessero apprendere da dati e migliorare nel tempo senza essere esplicitamente programmate per ogni compito. L'introduzione delle reti neurali, che imitano il funzionamento del cervello umano, ha portato a miglioramenti significativi nella capacità delle macchine di riconoscere pattern, elaborare il linguaggio naturale e persino generare testo.

L'Avvento dell'Apprendimento Profondo e ChatGPT

Negli ultimi dieci anni, l'apprendimento profondo (deep learning), un sottoinsieme dell'apprendimento automatico che utilizza reti neurali profonde, ha portato a svolte rivoluzionarie in AI. Questa tecnologia ha permesso lo sviluppo di sistemi AI molto più avanzati, capaci di elaborare e generare linguaggio naturale in modi che erano inimmaginabili solo pochi anni fa.

ChatGPT, sviluppato da OpenAI, è un esempio eccellente di come l'apprendimento profondo abbia portato l'AI a nuovi vertici. Basato sull'architettura dei Transformer, introdotta in un articolo del 2017 intitolato "Attention is All You Need", ChatGPT è parte della famiglia dei modelli GPT (Generative Pre-trained Transformer) che hanno dimostrato capacità eccezionali nella generazione di testo, comprensione del linguaggio naturale e persino nella creazione di codice di programmazione.

Conclusione

La storia dell'intelligenza artificiale è caratterizzata da sfide, rivoluzioni e rinnovata speranza. Da semplici automi meccanici ai sofisticati sistemi di AI come ChatGPT, l'evoluzione dell'AI riflette il progresso incessante della ricerca, dell'innovazione e della tecnologia. Ogni tappa di questo viaggio ha costruito le fondamenta su cui le future generazioni di AI continueranno a crescere, promettendo trasformazioni ancora più profonde nella società e nell'economia globale.

L'evoluzione dell'intelligenza artificiale non si ferma con l'avvento di tecnologie come ChatGPT. Questo campo è in continua espansione, spinto da sfide intellettuali, progressi tecnologici e la crescente domanda di soluzioni AI in tutti i settori della società. Mentre guardiamo al futuro, ci rendiamo conto che l'AI è destinata a diventare sempre più integrata nella nostra vita quotidiana, spingendo i limiti di ciò che è possibile in ambiti che vanno dall'assistenza sanitaria all'istruzione, dalla sicurezza alla sostenibilità ambientale.

Verso un'Intelligenza Artificiale Generale

Una delle frontiere più affascinanti e, allo stesso tempo, più impegnative dell'AI è lo sviluppo dell'Intelligenza Artificiale Generale (AGI), un sistema capace di comprendere, apprendere o applicare qualsiasi competenza intellettuale al livello di un essere umano. Mentre la maggior parte degli strumenti AI attuali, inclusi i modelli come ChatGPT, sono considerati forme di Intelligenza Artificiale Ristretta (narrow AI) eccellenti in compiti specifici ma senza la versatilità del pensiero umano, l'AGI rappresenta il santo graal della ricerca in AI, promettendo macchine con la capacità di ragionare in modo trasversale, apprendere da contesti eterogenei e applicare queste conoscenze in modi innovativi.

Etica e Governance dell'AI

Con l'espansione dell'AI, emergono questioni complesse legate all'etica e alla governance. La creazione di sistemi AI che rispecchino valori etici universali, che rispettino la privacy e che siano liberi da pregiudizi è di fondamentale importanza. Inoltre, l'integrazione di questi sistemi nelle nostre vite solleva questioni di accountability, sicurezza e impatto sociale che richiedono una riflessione approfondita e normative adatte. Gli sforzi per sviluppare principi etici universali e quadri normativi sono essenziali per guidare l'uso responsabile dell'AI e assicurare che i suoi benefici siano distribuiti equamente nella società.

AI e Sostenibilità

Un altro ambito in cui l'AI ha un potenziale rivoluzionario è nella promozione della sostenibilità ambientale. L'uso di algoritmi avanzati può aiutare a ottimizzare l'uso delle risorse, ridurre gli sprechi e migliorare l'efficienza energetica. Dalla gestione intelligente delle reti energetiche alla progettazione di materiali più sostenibili, l'AI può giocare un ruolo chiave nel combattere il cambiamento climatico e promuovere uno sviluppo più sostenibile.

Interazione Umano-AI

La relazione tra umani e sistemi AI è un altro ambito di ricerca e sviluppo. Mentre le interfacce utente basate sull'AI diventano più intuitive e naturali, emergono nuove possibilità per un'interazione più ricca e immersiva. La ricerca si sta concentrando su come rendere l'AI più comprensibile e accessibile agli umani, facilitando una collaborazione efficace tra uomo e macchina. Ciò include lo sviluppo di AI che possono interpretare e reagire alle espressioni emotive umane, migliorando la comunicazione e rendendo l'interazione con la tecnologia più simile a quella umana.

Democratizzazione dell'AI

Infine, la democratizzazione dell'accesso all'AI è un obiettivo importante per garantire che i benefici di questa tecnologia siano disponibili a tutti. Attraverso piattaforme open source, iniziative educative e strumenti di sviluppo accessibili, si cerca di abbattere le barriere all'ingresso e di abilitare un'ampia gamma di persone a costruire, utilizzare e beneficiare dell'AI. Questo non solo stimola l'innovazione ma assicura anche che l'AI sia sviluppata in modo che rifletta una diversità di bisogni, valori e prospettive.

Mentre procediamo in questa era dell'intelligenza artificiale, il campo continua a espandersi in nuove direzioni, ognuna con il potenziale di rivoluzionare aspetti diversi della vita umana e della società. La velocità di questa espansione porta con sé sia promesse che dilemmi, spingendoci a riflettere non solo sulle capacità tecnologiche, ma anche sui valori che vogliamo che queste tecnologie sostengano e promuovano.

Intelligenza Artificiale e Creatività

Un ambito emergente e affascinante è l'uso dell'AI nel campo della creatività. Strumenti come ChatGPT stanno dimostrando che l'AI può produrre testi creativi, musica, arte e persino proposte di design, sfidando la nostra concezione tradizionale della creatività come dominio esclusivamente umano. Questo solleva interrogativi interessanti sulla natura della creatività e sul ruolo che l'AI può giocare nel processo creativo, offrendo nuovi strumenti e modalità espressive per artisti, musicisti e designer.

AI e Salute Globale

L'intelligenza artificiale ha il potenziale di trasformare il settore sanitario offrendo diagnosi più precise, personalizzando i trattamenti e migliorando la gestione delle malattie. Gli algoritmi AI possono analizzare grandi set di dati clinici per identificare pattern che possono sfuggire agli operatori sanitari, aiutando nella diagnosi precoce di malattie come il cancro o nella previsione di focolai epidemici. Inoltre, sistemi come

ChatGPT possono supportare la ricerca medica accelerando la revisione della letteratura scientifica e suggerendo nuove aree di indagine.

AI per la Giustizia e l'Equità Sociale

L'AI offre anche strumenti potenti per affrontare questioni di giustizia e equità sociale. Attraverso l'analisi di dati su vasta scala, può aiutare a identificare e correggere pregiudizi nei sistemi giuridici, nelle pratiche lavorative e nelle politiche pubbliche. Tuttavia, è fondamentale che questi sistemi siano progettati con attenzione per evitare di perpetuare pregiudizi esistenti, richiedendo un'attenta considerazione etica e l'impegno a sviluppare algoritmi imparziali.

Sfide dell'Interpretazione dei Dati

Mentre l'AI diventa sempre più capace di raccogliere, analizzare e agire su enormi quantità di dati, emergono sfide legate all'interpretazione di questi dati. La capacità di distinguere tra correlazione e causalità, di comprendere il contesto culturale e sociale in cui i dati sono stati raccolti e di interpretare i risultati in modo etico e responsabile sono competenze cruciali per gli sviluppatori di AI e per la società nel suo insieme.

L'Importanza della Formazione e dell'Educazione sull'AI

Man mano che l'AI diventa una parte integrante di molti aspetti della vita quotidiana e del lavoro, l'educazione e la formazione sull'AI diventano essenziali. Non solo per coloro che sviluppano tecnologie AI, ma anche per il pubblico generale, che deve essere in grado di comprendere i principi di base dell'AI, le sue potenzialità e i suoi limiti, per poter navigare in un mondo sempre più mediato dall'intelligenza artificiale.

Connettività Globale e Disparità Digitale

L'espansione dell'AI pone in evidenza la crescente importanza della connettività globale e solleva questioni sulla disparità digitale. Mentre alcune parti del mondo avanzano rapidamente nell'adozione dell'AI, altre rischiano di rimanere indietro a causa di limitazioni nell'accesso a tecnologie digitali avanzate. Affrontare questa disparità è fondamentale per garantire che i benefici dell'AI siano condivisi globalmente e che non si creino nuove forme di disuguaglianza.

Futuro dell'AI: Un Orizzonte in Evoluzione

Guardando al futuro, è chiaro che l'intelligenza artificiale continuerà a espandersi in nuovi domini, sollevando sfide complesse ma offrendo anche opportunità senza precedenti per l'innovazione e il progresso. L'orizzonte in evoluzione dell'AI promette non solo di trasformare i settori esistenti ma anche di creare nuovi spazi in cui l'interazione umana con la tecnologia può generare soluzioni impensabili ai problemi attuali e futuri.

Dall'AI per l'Esplorazione Spaziale alla Gestione delle Risorse Terrestri

L'AI sta giocando un ruolo sempre più cruciale nell'esplorazione spaziale, dalla navigazione di veicoli spaziali autonomi alla ricerca di segni di vita su altri pianeti tramite l'analisi di dati complessi. Parallelamente, sul nostro pianeta, l'AI contribuisce a gestire in modo più sostenibile le risorse naturali, ottimizzando l'uso dell'acqua in agricoltura e monitorando i cambiamenti ambientali per prevenire disastri naturali.

AI e l'Automazione del Lavoro

L'impatto dell'AI sull'automazione del lavoro continua a essere un argomento di vivo dibattito. Mentre alcuni lavori vengono automatizzati, emergono nuove opportunità per lavori che richiedono capacità umane uniche, come il pensiero critico, la creatività e l'intelligenza emotiva. La sfida sta nel ridefinire il mercato del lavoro in modo che massimizzi i benefici dell'AI pur garantendo equità e sicurezza economica per tutti.

Il Potenziale dell'AI nella Risoluzione dei Conflitti

Esplorando nuovi orizzonti, l'AI offre potenzialità innovative anche nella prevenzione e risoluzione dei conflitti. Attraverso l'analisi predittiva, può aiutare a identificare le cause profonde delle tensioni sociali e politiche, suggerendo interventi mirati per prevenire l'escalation. Inoltre, l'AI può facilitare la mediazione nei conflitti esistenti, fornendo piattaforme per il dialogo e la negoziazione basate sulla comprensione profonda delle posizioni di tutte le parti coinvolte.

Privacy, Sicurezza dei Dati e AI

La protezione della privacy e la sicurezza dei dati diventano sempre più cruciali nell'era dell'AI. Mentre le tecnologie avanzano, così fanno le tecniche per compromettere la sicurezza informatica. Sviluppare sistemi AI che proteggano la privacy degli utenti e garantiscano la sicurezza dei dati richiede un impegno costante per la ricerca e l'innovazione nel campo della sicurezza informatica.

Collaborazione Internazionale sull'AI

L'AI non conosce confini, e la sua evoluzione richiede una collaborazione internazionale senza precedenti. Affrontare questioni come la regolamentazione etica, la condivisione dei benefici dell'AI e la gestione dei rischi associati richiede un dialogo globale e la cooperazione tra nazioni, istituzioni accademiche, industrie e società civile. Questa collaborazione transnazionale può garantire che l'AI si sviluppi in modo che rifletta una vasta gamma di valori umani e serva l'interesse comune dell'umanità.

Educazione e Formazione Continua nell'Era dell'AI

La necessità di educazione e formazione continua diventa sempre più evidente man mano che l'AI si evolve. Preparare le future generazioni a vivere e lavorare in un mondo sempre più mediato dall'AI richiede un cambiamento nei sistemi educativi, con un'enfasi sull'apprendimento permanente, sul pensiero critico e sulle competenze digitali. Inoltre, è fondamentale promuovere l'alfabetizzazione digitale in tutte le fasce della popolazione per garantire che nessuno sia lasciato indietro.

Verso un Futuro Condiviso con l'AI

Guardando al futuro, è chiaro che l'AI avrà un impatto profondo e diffuso su quasi ogni aspetto della vita umana. Tuttavia, il modo in cui navigheremo in questo futuro dipenderà dalle scelte che facciamo oggi: come sviluppiamo, governiamo e integriamo l'AI nelle nostre società sarà determinante per il tipo di mondo che creeremo. La sfida è di grande portata: richiede una visione olistica che bilanci l'innovazione tecnologica con i principi etici, la giustizia sociale, la sostenibilità ambientale e il benessere umano.

La strada verso un'integrazione responsabile e benefica dell'AI nella società richiede un impegno collettivo. Governi, industrie, comunità scientifiche e la società civile devono collaborare per stabilire normative e standard che guidino lo sviluppo dell'AI in modo etico e sostenibile. Questo implica la creazione di sistemi di governance globale che possano affrontare le sfide transnazionali poste dall'AI, garantendo che i benefici siano condivisi equamente e che nessuna comunità sia esclusa o svantaggiata.

L'educazione gioca un ruolo cruciale in questo processo. Non solo dobbiamo preparare le nuove generazioni con le competenze necessarie per prosperare in un mondo sempre più tecnologico, ma dobbiamo anche promuovere una comprensione profonda delle implicazioni etiche e sociali dell'AI. Questo richiederà un ripensamento radicale dei sistemi educativi per enfatizzare l'apprendimento continuo, la flessibilità cognitiva e la responsabilità etica.

Parallelamente, la ricerca sull'AI deve essere guidata da una visione che vada oltre le performance tecniche, per includere studi sull'impatto sociale, culturale ed economico delle tecnologie AI. Questo richiede un approccio interdisciplinare che unisca competenze in informatica, scienze umane, scienze sociali e oltre, per assicurare che l'AI sia sviluppata in modo che rispecchi e rispetti la complessità del tessuto sociale umano.

Infine, la trasparenza e il coinvolgimento della comunità sono essenziali per costruire fiducia nell'AI. Gli sviluppatori e i distributori di tecnologie AI devono essere aperti riguardo al funzionamento e agli obiettivi dei loro sistemi, e devono impegnarsi in un dialogo costruttivo con gli utenti e le parti interessate per raccogliere feedback e indirizzare le preoccupazioni.

In conclusione, mentre ci avventuriamo ulteriormente nell'era dell'intelligenza artificiale, ci troviamo di fronte a una serie di decisioni che plasmeranno il futuro della nostra società. La storia dello sviluppo dell'AI fino a ChatGPT e oltre ci mostra un percorso costellato di

incredibili progressi tecnologici e sfide complesse.
Affrontare queste sfide e realizzare il pieno potenziale
dell'AI richiederà una visione condivisa, un impegno
verso l'etica e la responsabilità, e un impegno collettivo
verso l'innovazione inclusiva e sostenibile. Con queste
basi, possiamo lavorare insieme per creare un futuro in
cui l'intelligenza artificiale agisca come forza di bene,
ampliando le nostre capacità, arricchendo le nostre vite
e contribuendo a risolvere alcune delle sfide più
pressanti dell'umanità.

3. Basi di ChatGPT: Comprendere come interagire con
ChatGPT, inclusi i comandi di base e le migliori
pratiche.

Interagire con ChatGPT, un modello di linguaggio
basato sull'intelligenza artificiale sviluppato da
OpenAI, può sembrare inizialmente complesso, ma con
una comprensione di base dei suoi comandi e delle
migliori pratiche, si può sfruttare al meglio questa
tecnologia avanzata. ChatGPT è progettato per
comprendere e generare risposte testuali in un modo
che simula una conversazione umana, rendendolo uno
strumento incredibilmente versatile per una vasta
gamma di applicazioni.

Comandi di Base

Prompting Efficace: La chiave per interagire efficacemente con ChatGPT è formulare domande o istruzioni chiare e dettagliate. Un "prompt" ben definito aiuta il modello a comprendere esattamente cosa stai chiedendo, aumentando la probabilità di ricevere una risposta accurata e utile.

- **Specificità**: Sii il più specifico possibile nella tua richiesta. Invece di chiedere "Parlami di Leonardo da Vinci", potresti chiedere "Quali sono state le principali contribuzioni di Leonardo da Vinci al Rinascimento italiano?".

- **Contesto**: Fornire contesto nel tuo prompt può aiutare ChatGPT a generare risposte più pertinenti. Ad esempio, se stai cercando aiuto su un argomento di programmazione, specifica il linguaggio di programmazione.

Chiarimenti e Seguito: Se la risposta iniziale non soddisfa completamente la tua domanda, puoi chiedere chiarimenti o ulteriori dettagli. ChatGPT mantiene il contesto di una conversazione per diverse battute, il che significa che puoi fare domande di follow-up senza dover ripetere l'intero contesto.

Migliori Pratiche

Uso Etico: È importante utilizzare ChatGPT in modo etico e responsabile. Evita di richiedere o condividere informazioni personali, sensibili o protette da copyright attraverso il modello.

Gestione delle Aspettative: Mentre ChatGPT è uno strumento potente, ha i suoi limiti. Le sue risposte sono generate in base ai dati su cui è stato addestrato fino al suo ultimo aggiornamento e potrebbe non avere informazioni sugli eventi più recenti o su argomenti estremamente di nicchia.

Feedback: Fornire feedback quando possibile può aiutare a migliorare l'esperienza complessiva. Anche se ChatGPT non apprende direttamente dal feedback in tempo reale, gli sviluppatori possono utilizzare queste informazioni per miglioramenti futuri.

Privacy e Sicurezza: Sii cauto nel condividere informazioni sensibili durante l'interazione con ChatGPT. Anche se il modello è progettato per rispettare la privacy, è buona norma evitare di inserire dati personali o informazioni aziendali confidenziali nelle tue richieste.

Esplorazione Creativa: Non esitare a esplorare le capacità creative di ChatGPT. Può essere utilizzato per generare idee, scrivere storie, comporre poesie o persino creare codice di esempio per progetti di programmazione.

Fonti Affidabili: Ricorda che mentre ChatGPT può fornire informazioni utili e accurate su una vasta gamma di argomenti, non dovrebbe essere l'unica fonte per decisioni importanti, soprattutto in contesti critici come la salute, il diritto o la sicurezza finanziaria. Verifica sempre le informazioni attraverso fonti affidabili.

In conclusione, interagire con ChatGPT è un processo che combina chiarezza, specificità e curiosità. Approcciandosi a ChatGPT con una comprensione dei suoi comandi di base e seguendo le migliori pratiche, si può sfruttare al meglio il potenziale di questa tecnologia AI per una vasta gamma di applicazioni, dalla risoluzione di problemi al supporto creativo, mantenendo al contempo un approccio etico e responsabile.

Approfondimenti e Tecniche Avanzate per l'Interazione con ChatGPT

Mentre le basi di interazione con ChatGPT offrono un solido punto di partenza, esplorare tecniche e approcci avanzati può arricchire ulteriormente la tua esperienza e migliorare l'efficacia delle tue conversazioni.

Personalizzazione dei Prompts: Puoi personalizzare i tuoi prompts per adattarli a uno stile o a una voce specifica. Ad esempio, puoi chiedere a ChatGPT di rispondere in uno stile formale, amichevole o persino imitare lo stile di scrittura di un autore famoso. Questo livello di personalizzazione può rendere le risposte più in linea con le tue aspettative o necessità specifiche.

Impiego di Esempi: Fornire esempi specifici nel tuo prompt può aiutare a guidare il modello verso il tipo di risposta che cerchi. Ad esempio, se stai chiedendo un aiuto sulla scrittura creativa, includere un breve estratto di ciò che hai già scritto può aiutare ChatGPT a mantenere la coerenza con il tuo stile e tono esistenti.

Utilizzo di Role-Play: ChatGPT può essere utilizzato in modalità role-play, dove assumi che il modello sia un certo personaggio o esperto in un campo specifico. Questo approccio può rendere la conversazione più immersiva e interessante, soprattutto per scopi educativi o di intrattenimento.

Gestione delle Risposte Errate o Incomplete: Quando ChatGPT fornisce una risposta errata o incompleta, puoi usare questa opportunità per riformulare la tua domanda o fornire ulteriori chiarimenti. Questo non solo migliora le possibilità di ottenere una risposta più accurata ma ti aiuta anche a diventare più abile nel creare prompts efficaci.

Esplorazione di Argomenti Complessi: Non esitare a impegnare ChatGPT in discussioni su argomenti complessi o astratti. Anche se il modello può avere limitazioni, può offrire prospettive uniche o stimolare nuove idee che potresti non aver considerato.

Confronto di Risposte: In alcuni casi, può essere utile chiedere a ChatGPT di fornire più punti di vista su una questione. Questo può essere particolarmente prezioso quando si esplorano argomenti soggetti a interpretazioni diverse o quando si cercano soluzioni creative a un problema.

Uso Consapevole: Mentre esperimenti con ChatGPT, rimani consapevole del fatto che il modello genera risposte basate su pattern appresi da vasti dataset di testo. Pertanto, le risposte dovrebbero essere valutate criticamente, soprattutto quando trattano argomenti sensibili o complessi.

Continuo Apprendimento: Il campo dell'intelligenza artificiale è in rapida evoluzione, e così sono le capacità di modelli come ChatGPT. Mantenerti aggiornato sulle ultime ricerche, sugli aggiornamenti dei modelli e sulle best practice può migliorare notevolmente la tua capacità di interagire efficacemente con l'AI.

Feedback e Contributo alla Comunità: Condividere le tue esperienze, i trucchi scoperti e le best practice con la comunità può aiutare altri utenti a navigare meglio nelle loro interazioni con ChatGPT. Partecipare a forum, gruppi di discussione o piattaforme social può essere un ottimo modo per scambiare consigli e imparare dagli altri.

Approfondendo la tua comprensione e abilità nell'interagire con ChatGPT attraverso queste tecniche avanzate, puoi sbloccare nuovi livelli di produttività, creatività e scoperta. Che tu stia cercando assistenza per compiti specifici, esplorando nuove aree di conoscenza, o semplicemente godendoti la capacità dell'AI di generare conversazioni stimolanti, ci sono sempre nuovi modi per arricchire e affinare la tua esperienza con ChatGPT.

Approcci Innovativi nell'Utilizzo di ChatGPT

Mentre esplori e sperimenti con ChatGPT, considera l'adozione di approcci innovativi che possono estendere ulteriormente le possibilità di interazione e generare risultati ancora più ricchi e personalizzati.

Dialoghi Interdisciplinari: Un metodo interessante consiste nel coinvolgere ChatGPT in dialoghi che abbracciano più discipline. Ad esempio, puoi chiedere come un concetto filosofico si applichi a una sfida moderna nell'informatica, o come principi dell'ingegneria possano influenzare soluzioni sostenibili in agricoltura. Questo approccio non solo ti espone a idee innovative ma stimola anche il pensiero critico attraverso l'integrazione di diverse aree di conoscenza.

Creazione di Scenari Complessi: Per testare la capacità di ragionamento e creatività di ChatGPT, prova a costruire scenari complessi o ipotetici che richiedono soluzioni dettagliate e multilivello. Questo può variare da sviluppare strategie di marketing per un prodotto futuristico, a pianificare una missione spaziale con vincoli specifici. L'AI può sorprenderti con approcci unici e dettagliati che riflettono una comprensione profonda dell'argomento.

Simulazioni di Processi Decisionali: ChatGPT può essere utilizzato per simulare processi decisionali, sia individuali che collettivi. Creando scenari in cui diverse strategie o opinioni sono esplorate, puoi utilizzare l'AI per visualizzare le potenziali conseguenze delle scelte, valutare pro e contro, e persino generare nuove alternative che potresti non aver considerato.

Esplorazione di Forme Letterarie e Artistiche: Oltre ai suoi usi pratici e informativi, ChatGPT può servire come compagno nella creazione artistica. Sfida il modello a comporre forme letterarie come sonetti o haiku, a scrivere dialoghi teatrali, o a generare descrizioni visive per opere d'arte immaginarie. Questo tipo di interazione non solo è un esercizio creativo stimolante ma può anche offrire nuove prospettive sull'arte e sulla letteratura.

Ottimizzazione delle Routine Quotidiane: ChatGPT può assisterti nell'ottimizzazione delle tue routine quotidiane, offrendo consigli personalizzati basati sulle tue abitudini e preferenze. Che si tratti di suggerire una routine mattutina per migliorare la produttività, di pianificare pasti equilibrati per la settimana, o di offrire strategie per la gestione dello stress, l'AI può fornire insight preziosi e supporto pratico.

Integrazione con Altri Strumenti Digitali: Un altro approccio avanzato all'utilizzo di ChatGPT coinvolge la sua integrazione con altri strumenti digitali e piattaforme. Ad esempio, combinare l'AI con software di analisi dei dati può potenziare la tua capacità di interpretare complessi set di dati, mentre l'incorporazione di ChatGPT in ambienti di apprendimento digitale può arricchire il materiale educativo con spiegazioni interattive e tutoring personalizzato.

Feedback Continuo e Iterativo: Infine, un aspetto cruciale dell'interazione avanzata con ChatGPT è l'adozione di un approccio feedback continuo e iterativo. Valutando criticamente le risposte dell'AI e affinando i tuoi prompts in base ai risultati, puoi migliorare significativamente l'efficacia delle tue interazioni. Questo processo di apprendimento reciproco non solo migliora la tua esperienza con ChatGPT ma contribuisce anche a una maggiore comprensione di come formulare domande e scenari per ottenere i migliori risultati possibili.

Esplorando questi approcci innovativi e incorporando tecniche avanzate nelle tue interazioni con ChatGPT, puoi sbloccare nuovi livelli di coinvolgimento, scoperta e creatività, sfruttando appieno il potenziale di questa potente tecnologia AI per arricchire sia la tua vita professionale che personale.

Implementazione di Feedback Specifici: Oltre a perfezionare l'arte di creare prompt efficaci, l'implementazione di feedback specifici dopo ogni risposta di ChatGPT può elevare ulteriormente la qualità dell'interazione. Anche se ChatGPT non "apprende" dal feedback in tempo reale nel senso tradizionale, chiarire cosa ha funzionato bene e cosa potrebbe essere migliorato nel tuo prompt iniziale può affinare le tue tecniche di interrogazione per interazioni future. Questo processo di riflessione e adattamento contribuisce a costruire una comprensione più profonda di come ChatGPT risponde a vari tipi di input, migliorando la tua capacità di estrarre informazioni utili o risposte creative.

Approfondimenti su Temi Specializzati: Un altro metodo per espandere l'utilizzo di ChatGPT implica l'esplorazione di temi altamente specializzati o di nicchia. Mentre ChatGPT è addestrato su un vasto corpus di testo, la sua capacità di generare risposte su argomenti specializzati può variare. Tuttavia, affrontare questi temi con domande ben strutturate e fornendo un contesto specifico può portare a scoperte sorprendenti e approfondimenti dettagliati. Questo non solo arricchisce la tua conoscenza ma spinge anche i confini dell'AI in termini di generazione di contenuti complessi e mirati.

Creazione di Contenuti Multimediali: Mentre ChatGPT è principalmente focalizzato sul testo, le sue risposte possono ispirare la creazione di contenuti multimediali. Ad esempio, puoi utilizzare le descrizioni generative di ChatGPT come base per progetti di design grafico, storyboard per video, o perfino composizioni musicali. Questo approccio interdisciplinare apre nuove vie per la creatività, consentendo di combinare le capacità di generazione del linguaggio di ChatGPT con espressioni artistiche visive e sonore.

Interazione Dinamica con Scenari di Simulazione: Un uso avanzato e creativo di ChatGPT potrebbe includere la configurazione di scenari di simulazione dinamici, dove puoi "giocare" attraverso varie decisioni e vedere le conseguenze narrative che ne derivano. Questo può essere particolarmente utile in contesti educativi o di formazione, dove la modellazione di situazioni del mondo reale attraverso l'AI può offrire una pratica immersiva e interattiva senza i rischi associati all'esplorazione fisica di tali scenari.

Collaborazioni Costruttive: Considera l'utilizzo di ChatGPT in collaborazioni costruttive, dove l'AI funge da partner nel brainstorming o nella risoluzione creativa di problemi. Ad esempio, team di progetto possono interagire con ChatGPT per generare nuove idee, ottimizzare piani di progetto o esplorare soluzioni alternative a sfide complesse. In questo modo, ChatGPT diventa uno strumento di supporto che contribuisce a facilitare il pensiero critico e la collaborazione umana.

Valutazione Critica e Verifica delle Fonti: Nonostante la vasta gamma di informazioni che ChatGPT può fornire, è cruciale adottare un approccio critico alle sue risposte, specialmente in contesti che richiedono precisione e affidabilità. Incoraggiare l'abitudine di verificare le informazioni attraverso fonti primarie o affidabili è fondamentale, specialmente quando si trattano argomenti scientifici, storici o attuali che potrebbero avere implicazioni significative sulla base delle informazioni fornite.

Sviluppo di Guide e Tutorial Personalizzati: ChatGPT può essere sfruttato per creare guide e tutorial personalizzati su una varietà di argomenti, dai passaggi per imparare una nuova abilità alla risoluzione di problemi specifici. Questo approccio non solo fornisce un modo per documentare e trasmettere conoscenze in modo accessibile ma offre anche l'opportunità di adattare l'apprendimento ai bisogni e agli stili individuali.

Espandendo il tuo utilizzo di ChatGPT con questi metodi avanzati e creativi, puoi trasformare il modo in cui

interagisci con questa tecnologia, passando da un utilizzo basilare a una collaborazione più profonda e significativa che sfrutta pienamente il potenziale dell'intelligenza artificiale. Le possibilità sono quasi illimitate, ma per navigare con successo in questo territorio inesplorato e continuamente in evoluzione, è essenziale adottare un approccio olistico che consideri sia le opportunità che le sfide presentate dall'interazione avanzata con ChatGPT.

Un elemento chiave per una collaborazione efficace con ChatGPT è l'adozione di una mentalità aperta e curiosa, abbinata a una volontà di sperimentare e imparare. Man mano che esplori nuove modalità di interazione e applicazioni innovative, sarai anche chiamato a riflettere criticamente sulle risposte fornite, valutando la loro affidabilità, precisione e applicabilità al tuo contesto specifico. Questo processo di valutazione e apprendimento continua a formare un ciclo di feedback che non solo migliora le tue capacità di interazione con l'AI ma contribuisce anche a una comprensione più profonda di come la tecnologia può essere impiegata in modo responsabile ed etico.

Parallelamente, è fondamentale rimanere informati sugli sviluppi nel campo dell'intelligenza artificiale e della tecnologia in generale. Il campo dell'AI è in rapida evoluzione, con nuove scoperte, tecniche e best practice che emergono regolarmente. Mantenere una conoscenza aggiornata di questi progressi ti permetterà di sfruttare al meglio ChatGPT e altre tecnologie AI man mano che diventano disponibili.

Inoltre, la condivisione delle tue scoperte, esperienze e pratiche migliori con la comunità più ampia può arricchire l'ecosistema dell'AI. Partecipando a forum, workshop, conferenze o piattaforme social, puoi contribuire al dialogo globale sull'intelligenza artificiale, scambiare idee con altri utenti e professionisti e collaborare alla definizione di un futuro in cui l'AI sia utilizzata in modo che porti il massimo beneficio alla società.

Infine, è essenziale riconoscere e affrontare le sfide etiche e sociali associate all'uso avanzato di ChatGPT e dell'intelligenza artificiale. Questo include la considerazione dell'impatto dell'AI sulla privacy, sul lavoro, sull'equità e sull'inclusione, nonché il suo ruolo nel modellare il discorso pubblico e la conoscenza. Affrontare queste questioni richiede un impegno attivo per lo sviluppo di un'IA che sia non solo avanzata tecnicamente, ma anche allineata con i valori umani fondamentali.

In conclusione, espandere il tuo utilizzo di ChatGPT oltre le basi apre un mondo di possibilità che possono arricchire la tua vita e il tuo lavoro in modi inimmaginabili. Tuttavia, realizzare questo potenziale richiede più di semplice tecnica; richiede un impegno per l'apprendimento continuo, la riflessione critica, la condivisione della conoscenza e la considerazione etica. Con questi principi come guida, puoi navigare nel panorama in evoluzione dell'intelligenza artificiale, sfruttando le sue capacità per creare, innovare e ispirare.

4. Creare Contenuti con ChatGPT: Guida su come utilizzare ChatGPT per generare contenuti blog, post sui social media, newsletter e altro ancora.

Utilizzare ChatGPT per la creazione di contenuti può trasformare il modo in cui sviluppi materiali per blog, social media, newsletter e altri formati. Questa guida esplorerà come sfruttare al meglio le capacità di ChatGPT per generare contenuti coinvolgenti, creativi e informativi.

Comprendere le Capacità di ChatGPT

Prima di iniziare, è essenziale comprendere cosa può fare ChatGPT. Come modello di linguaggio basato sull'intelligenza artificiale, ChatGPT è addestrato a comprendere e generare testo in modo che simuli una conversazione umana. Può scrivere in vari stili, generare idee su quasi ogni argomento, rispondere a domande, e molto altro.

Creazione di Contenuti per Blog

1. **Generazione di Idee**: Se sei a corto di idee per il tuo blog, chiedi a ChatGPT suggerimenti su argomenti basati sulle tendenze attuali nel tuo settore o interessi specifici del tuo pubblico.

2. **Sviluppo di Bozze**: Una volta scelto un argomento, ChatGPT può aiutarti a creare una bozza iniziale. Forniscigli una breve descrizione del tema e qualsiasi punto chiave che vuoi includere.

3. **Elaborazione di Titoli Accattivanti**: ChatGPT può generare diverse opzioni di titoli per il tuo post, aiutandoti a catturare l'attenzione dei lettori fin dall'inizio.

Produzione di Post per Social Media

1. **Creazione di Post**: Fornisci a ChatGPT informazioni sul tipo di post che desideri creare, inclusi lo stile, il tono e gli obiettivi chiave. Può

generare testi per post che informano, intrattengono o promuovono prodotti/servizi.

2. **Suggerimenti per Hashtag**: ChatGPT può suggerire hashtag rilevanti che aumenteranno la visibilità dei tuoi post sui social media.

Realizzazione di Newsletter

1. **Intestazioni e Argomenti**: Chiedi a ChatGPT di proporre intestazioni e argomenti interessanti che possano catturare l'interesse dei tuoi abbonati.

2. **Contenuto Personalizzato**: Utilizza ChatGPT per sviluppare contenuti specifici per segmenti diversi del tuo pubblico, rendendo ogni newsletter personalizzata e pertinente.

Migliori Pratiche per la Creazione di Contenuti con ChatGPT

- **Personalizzazione**: Personalizza i contenuti generati modificandoli in base al tuo stile unico e alle preferenze del tuo pubblico. Questo passaggio aggiunge un tocco personale che distingue i tuoi materiali da quelli generati puramente da AI.

- **Verifica dei Fatti**: Controlla sempre i fatti nei contenuti generati da ChatGPT, soprattutto quando si tratta di dati, statistiche o affermazioni specifiche. Assicurati che le informazioni siano accurate e aggiornate prima della pubblicazione.

- **Ottimizzazione SEO**: Mentre ChatGPT può aiutarti a includere parole chiave e frasi SEO nei tuoi contenuti, è importante ottimizzare ulteriormente i testi per i motori di ricerca. Considera l'aggiunta di meta-descrizioni, titoli ottimizzati e strutturazione dei post per migliorare la visibilità online.

- **Creatività e Innovazione**: Sfrutta la capacità di ChatGPT di generare idee creative e uniche. Anche se non tutte le proposte potrebbero essere praticabili, potrebbero ispirare concetti innovativi che distinguono i tuoi contenuti dalla massa.

- **Iterazione e Feedback**: Non esitare a raffinare e modificare i prompt forniti a ChatGPT in base ai risultati ottenuti. Questo processo iterativo può aiutarti a ottenere risultati sempre più vicini ai tuoi obiettivi di contenuto.

Utilizzando ChatGPT in modo strategico e creativo, puoi amplificare significativamente le tue capacità di creazione di contenuti, sfruttando il potenziale dell'AI per produrre materiali che coinvolgano, informino e intrattengano il tuo pubblico

Integrazione con Altri Strumenti di Contenuto: L'efficacia di ChatGPT nella creazione di contenuti può essere notevolmente amplificata attraverso l'integrazione con altri strumenti digitali. Ad esempio, l'utilizzo di ChatGPT insieme a strumenti di analisi delle tendenze può aiutarti a identificare gli argomenti più rilevanti e di tendenza da incorporare nei tuoi contenuti. Allo stesso modo, combinare l'output di ChatGPT con software di editing grafico può trasformare testi in accattivanti infografiche o post visivi, ampliando ulteriormente il tuo arsenale di contenuti.

Esplorazione di Nuovi Formati: Mentre ChatGPT brilla nella generazione di testo, le informazioni che fornisce possono ispirare una vasta gamma di formati di contenuto. Ad esempio, le risposte di ChatGPT a domande complesse possono essere trasformate in podcast educativi, video tutorial o persino webinar interattivi. Questo approccio non solo diversifica i tuoi canali di contenuto ma aiuta anche a raggiungere e coinvolgere il pubblico in modi che preferiscono.

Sviluppo di Personaggi e Narrazioni: ChatGPT può essere utilizzato per creare personaggi dettagliati o sviluppare trame per uso in storytelling o marketing narrativo. Questo può essere particolarmente utile per campagne pubblicitarie, creazione di contenuti di marca o sviluppo di materiale per giochi e intrattenimento. L'utilizzo di ChatGPT per elaborare storie coinvolgenti può aggiungere un livello di creatività e profondità ai tuoi contenuti che risuona emotivamente con il tuo pubblico.

Ottimizzazione per Diverse Piattaforme: Ogni piattaforma di social media ha le sue peculiarità, sia in termini di formato che di preferenze del pubblico. Utilizzare ChatGPT per personalizzare i tuoi messaggi per ogni piattaforma può migliorare l'engagement e garantire che i tuoi contenuti siano ottimizzati per la distribuzione. Ad esempio, i post su Twitter richiedono brevità e immediatezza, mentre i contenuti su Instagram possono concentrarsi di più sull'impatto visivo accompagnato da testi evocativi.

Feedback e Iterazione Continua: Il processo di creazione di contenuti con ChatGPT dovrebbe includere cicli continui di feedback e iterazione. Analizzando le prestazioni dei contenuti generati (attraverso metriche di engagement, conversioni, ecc.), puoi affinare ulteriormente i tuoi prompt e la strategia di contenuto. Questo processo non solo migliora la qualità dei contenuti nel tempo ma ti aiuta anche a comprendere meglio il tuo pubblico e come interagisce con i materiali che produci.

Adattamento e Apprendimento: Come con qualsiasi strumento o tecnologia, l'efficacia dell'uso di ChatGPT per la creazione di contenuti migliorerà con l'esperienza e l'esperimentazione. Essere aperti all'apprendimento, all'adattamento e alla sperimentazione con diversi approcci ti permetterà di sfruttare appieno le capacità di ChatGPT, trasformando la creazione di contenuti in un processo più efficiente, creativo e coinvolgente.

In conclusione, l'utilizzo di ChatGPT nella creazione di contenuti apre un mondo di possibilità per blogger, creatori di social media, marketer e comunicatori. Con un approccio strategico, una mentalità aperta all'esplorazione e un impegno per l'apprendimento continuo, puoi sfruttare ChatGPT per produrre contenuti che non solo raggiungono ma anche risuonano profondamente con il tuo pubblico, stabilendo una connessione duratura e significativa.

Raffinamento della Voce del Brand: Un vantaggio distintivo dell'utilizzo di ChatGPT nella creazione di contenuti è la sua capacità di adattarsi a diversi stili e toni di scrittura. Questo rende ChatGPT uno strumento ideale per raffinare la voce del tuo brand, assicurando che rimanga coerente su tutti i tipi di contenuti e piattaforme. Puoi esplorare diverse sfumature di tono - professionale, amichevole, informativo, o qualsiasi combinazione che meglio rappresenta il tuo brand - e usare ChatGPT per generare contenuti che riflettano questa voce in modo coeso. L'importante è mantenere una consistenza che aiuti il pubblico a riconoscere e fidarsi del tuo brand.

Incremento dell'Interattività: ChatGPT può aiutarti a progettare contenuti che incoraggiano l'interazione dell'utente, come quiz personalizzati, sondaggi o domande aperte che stimolano la conversazione. Questo tipo di contenuto non solo aumenta l'engagement ma fornisce anche preziosi insight sul tuo pubblico, i suoi interessi e le sue preferenze. Utilizzando ChatGPT per creare questi elementi interattivi, puoi rendere la tua strategia di contenuto più dinamica e coinvolgente.

Sperimentazione con Formati Narrativi: Le capacità generative di ChatGPT aprono nuove possibilità nella sperimentazione con formati narrativi unici. Puoi creare serie di contenuti che seguono una trama, sviluppare personaggi che rappresentano il tuo brand in storie, o persino generare racconti seriali che mantengono il pubblico impegnato e in attesa della prossima puntata. Questi approcci narrativi possono aiutare a costruire un legame emotivo con il tuo pubblico, rendendo il tuo brand più memorabile e distintivo.

Personalizzazione su Larga Scala: Con ChatGPT, la personalizzazione del contenuto non deve essere limitata da risorse o tempo. Puoi generare variazioni di messaggi personalizzati per segmenti specifici del tuo pubblico, assicurando che ogni individuo riceva contenuti che risuonano con le sue esigenze e interessi personali. Questo livello di personalizzazione su larga scala era impensabile prima dell'avvento di strumenti avanzati di AI come ChatGPT, e può significativamente aumentare l'efficacia della tua comunicazione.

Ottimizzazione dei Processi Creativi: ChatGPT può servire come un acceleratore per i tuoi processi creativi, aiutandoti a superare il blocco dello scrittore e a generare continuamente nuove idee. Quando ti trovi di fronte a una deadline o hai bisogno di produrre una grande quantità di contenuti in poco tempo, ChatGPT può essere un salvavita, fornendoti un flusso costante di spunti e bozze da raffinare e adattare.

Feedback e Revisione Collaborativa: Utilizza ChatGPT non solo come creatore di contenuti ma anche come strumento per la revisione e il feedback. Mentre l'AI non può sostituire completamente il giudizio umano, può offrire suggerimenti per miglioramenti stilistici o correzioni grammaticali, rendendo il processo di editing più efficiente. Inoltre, puoi sfruttare ChatGPT per generare alternative di formulazioni o per esplorare diverse angolazioni di un argomento, arricchendo ulteriormente il processo di revisione collaborativa.

Monitoraggio e Analisi delle Tendenze: Infine, ChatGPT può essere utilizzato per monitorare e analizzare le tendenze del settore e i comportamenti del pubblico, fornendoti spunti preziosi per i tuoi futuri contenuti. Chiedendo a ChatGPT di generare riassunti delle discussioni correnti nei forum del settore, sui social media, o nelle recensioni dei prodotti, puoi rimanere aggiornato e assicurarti che i tuoi contenuti siano sempre pertinenti e in linea con gli interessi del tuo pubblico.

Incorporando questi approcci avanzati e strategie innovative nel tuo utilizzo di ChatGPT per la creazione di contenuti, puoi non solo massimizzare l'impatto e la rilevanza dei tuoi materiali ma anche stabilire una connessione più profonda e significativa con il tuo pubblico. L'evoluzione continua della tecnologia AI offre una serie inesauribile di possibilità per innovare e arricchire la tua strategia di contenuto.

Integrazione di Elementi Visivi: Sfrutta ChatGPT per creare descrizioni dettagliate o storyboard che possono essere poi trasformati in elementi visivi da grafici o designer. Questo processo collaborativo tra intelligenza artificiale e creatività umana può portare alla produzione di infografiche, illustrazioni e altri contenuti visivi che complementano e arricchiscono il testo generato, rendendo i tuoi contenuti ancora più coinvolgenti e condivisibili.

Creazione di Esperienze Utente Personalizzate: Utilizzando ChatGPT per analizzare feedback e comportamenti degli utenti, puoi personalizzare l'esperienza di ciascun visitatore sul tuo sito web o piattaforma. Genera contenuti dinamici che si adattano agli interessi e alle interazioni passate dell'utente, offrendo una navigazione su misura che può aumentare significativamente l'engagement e la soddisfazione del cliente.

Automazione delle Risposte FAQ: Implementa ChatGPT nel tuo servizio di assistenza clienti per fornire risposte immediate e accurate alle domande frequenti. Questo non solo migliora l'efficienza del tuo supporto ma libera anche il tuo team per concentrarsi su questioni più complesse che richiedono un intervento umano, garantendo allo stesso tempo che gli utenti ricevano le informazioni di cui hanno bisogno senza attese.

Esplorazione di Nuovi Canali di Distribuzione:
Oltre ai tradizionali blog, social media e newsletter,
considera l'uso di ChatGPT per creare contenuti per
podcast, app di messaggistica, o piattaforme
emergenti. Adattando i tuoi contenuti a formati audio o
a chat interattive, puoi raggiungere il tuo pubblico
attraverso nuovi canali, sfruttando la crescente
popolarità di questi mezzi di comunicazione.

Sviluppo di Case Studies e Storie di Successo:
ChatGPT può aiutarti a compilare e scrivere case
studies dettagliati e storie di successo clienti, partendo
da dati grezzi, testimonianze e sommari di progetti.
Questo tipo di contenuto non solo dimostra l'efficacia
del tuo lavoro o prodotto ma fornisce anche prove
concrete che possono influenzare positivamente le
decisioni di potenziali clienti o partner.

**Generazione di Idee per Eventi Virtuali e
Webinar**: Usa ChatGPT per generare idee innovative
per eventi virtuali, webinar o workshop online. Può
aiutarti a pianificare l'agenda, suggerire relatori o temi
di interesse e creare materiali promozionali che
attirino partecipanti. Questo approccio può arricchire
la tua offerta di eventi, creando opportunità uniche di
apprendimento e networking per il tuo pubblico.

Creazione di Giochi e Quiz Interattivi: Infine,
ChatGPT può essere utilizzato per creare giochi, quiz o
indovinelli che possono essere integrati nei tuoi
contenuti. Questi elementi ludici non solo rendono i
tuoi contenuti più divertenti e coinvolgenti ma possono

anche servire come strumenti efficaci per l'apprendimento e la revisione di informazioni complesse.

Attraverso l'esplorazione continua e l'applicazione creativa di ChatGPT nella tua strategia di contenuto, puoi sfruttare la potenza dell'intelligenza artificiale per distinguerti nel vasto panorama digitale. L'innovazione guidata dall'AI, combinata con l'unicità della creatività umana, offre infinite possibilità per arricchire e diversificare i tuoi contenuti, stabilendo nuovi standard di coinvolgimento e valore per il tuo pubblico.

Approfondimento nel Storytelling Interattivo: Un'area particolarmente stimolante dove ChatGPT può rivoluzionare la creazione di contenuti è lo storytelling interattivo. Immagina di generare storie dove i lettori o gli spettatori possono scegliere il percorso dei personaggi o l'esito delle trame. ChatGPT può aiutare a sviluppare i diversi filoni narrativi e le possibili direzioni che una storia può prendere, creando un'esperienza immersiva e personalizzata per l'utente. Questo tipo di contenuto non solo è estremamente coinvolgente ma favorisce anche una maggiore ritenzione e interazione, poiché i partecipanti si sentono direttamente coinvolti nelle narrazioni.

Utilizzo in Educazione e Formazione: L'applicazione di ChatGPT nella creazione di materiali educativi e formativi apre nuove frontiere nell'apprendimento digitale. Puoi sfruttarlo per generare esercizi personalizzati, simulazioni, studi di caso interattivi, e materiali di revisione che si adattano al livello di competenza e ai bisogni specifici degli studenti o dei partecipanti. Questo approccio al contenuto educativo non solo rende l'apprendimento più accessibile e coinvolgente ma può anche fornire feedback immediato, migliorando l'efficacia pedagogica degli strumenti di apprendimento digitale.

Potenziamento del Content Marketing: Nel content marketing, l'originalità e la rilevanza del contenuto sono cruciali per catturare l'attenzione in un mercato affollato. ChatGPT può essere un alleato prezioso in questo contesto, aiutandoti a generare idee di contenuto uniche, titoli accattivanti, e copie persuasive che risuonano con il tuo target di riferimento. Inoltre, può assisterti nella creazione di descrizioni di prodotto dettagliate, FAQ dinamiche, e narrazioni di marca che comunicano efficacemente i valori e i punti di forza del tuo business.

Innovazione nel Servizio Clienti: ChatGPT può rivoluzionare anche la creazione di contenuti per il servizio clienti, generando guide rapide, tutorial passo dopo passo, e risposte dettagliate alle domande comuni. Questo può migliorare significativamente l'esperienza del cliente, fornendo supporto immediato e informazioni utili che aiutano a risolvere problemi, guidare decisioni di acquisto, o approfondire la conoscenza dei tuoi prodotti e servizi.

Sviluppo di Campagne Pubblicitarie: Utilizza ChatGPT per ideare e sviluppare campagne pubblicitarie innovative che parlano direttamente ai bisogni e desideri del tuo pubblico. Dall'ideazione di slogan memorabili alla creazione di sceneggiature per annunci video o radiofonici, ChatGPT può aiutarti a catturare l'essenza del tuo messaggio in modi che colpiscono e persuadono, potenziando la tua strategia pubblicitaria con contenuti creativi e impattanti.

Esplorazione di Nuovi Generi e Tematiche: Non limitarti ai formati e ai temi familiari. Sfida ChatGPT (e te stesso) esplorando nuovi generi di contenuto o trattando argomenti al di fuori della tua zona di comfort. Questo può non solo rivelare nuovi interessi e passioni ma anche aprire il tuo brand a segmenti di pubblico inesplorati, diversificando e arricchendo il tuo approccio al contenuto.

Promozione dell'Engagement del Pubblico: Infine, impiega ChatGPT per generare contenuti che promuovono l'engagement attivo del pubblico, come inviti all'azione (CTA) creativi, domande aperte, o sfide e competizioni. Stimolare la partecipazione attiva non solo aumenta l'interazione con il tuo brand ma crea anche una comunità di utenti impegnati e fedeli.

Attraverso queste continue esplorazioni e l'applicazione innovativa di ChatGPT nella creazione di contenuti, puoi non solo elevare la qualità e l'efficacia della tua comunicazione ma anche forgiare un legame più profondo e significativo con il tuo pubblico. Man mano che sperimenti con ChatGPT, diventerai sempre più abile nel sfruttare le sue capacità per soddisfare e superare le aspettative dei tuoi utenti, clienti o lettori.

Adattamento Dinamico ai Feedback: Una strategia chiave per migliorare continuamente i tuoi contenuti è l'adattamento dinamico ai feedback del pubblico. ChatGPT può aiutarti ad analizzare i feedback ricevuti attraverso i canali social, email o commenti sui blog, e ad utilizzare queste informazioni per affinare i contenuti futuri. Questo ciclo di feedback e miglioramento contribuisce a creare una relazione più responsiva e coinvolgente con il tuo pubblico, assicurando che i tuoi contenuti rimangano rilevanti e apprezzati.

Sviluppo di Contenuti Multilingua: In un mercato globale, la capacità di comunicare efficacemente in più lingue è una risorsa inestimabile. Utilizza ChatGPT per generare o adattare contenuti in diverse lingue, permettendoti di raggiungere un pubblico più ampio e diversificato. Questo approccio non solo espande la tua portata ma dimostra anche rispetto e apprezzamento per le diverse culture e comunità che compongono il tuo pubblico.

Integrazione di Tecnologie Complementari: Mentre ChatGPT offre capacità impressionanti da solo, l'integrazione con altre tecnologie AI e software di analisi può ulteriormente potenziare la tua strategia di contenuto. Ad esempio, l'utilizzo congiunto di ChatGPT con strumenti di analisi predittiva può aiutarti a identificare tendenze emergenti e interessi del pubblico, informando la creazione di contenuti proattivi e mirati. Questa sinergia tra diverse tecnologie apre nuove possibilità per la personalizzazione e l'innovazione nel campo dei contenuti.

Raccolta e Narrazione di Storie Umane: Oltre alla generazione di testi, ChatGPT può essere utilizzato per raccogliere e narrare storie umane, attingendo a testimonianze, interviste o esperienze condivise dai tuoi utenti o clienti. Questo tipo di contenuto, profondamente personale e autentico, può resonare fortemente con il pubblico, costruendo empatia e connessione emotiva con il tuo brand.

Sfide Creative e Gamification: Incorpora elementi di gamification nei tuoi contenuti, utilizzando ChatGPT per creare enigmi, giochi di parole o sfide creative che incoraggino l'interazione e l'engagement. Questa strategia non solo rende i tuoi contenuti più divertenti e coinvolgenti ma può anche stimolare la condivisione sociale e la partecipazione della comunità.

Monitoraggio e Analisi del Sentimento: Sfrutta ChatGPT per monitorare e analizzare il sentimento del pubblico nei confronti del tuo brand, prodotti o servizi. Questo ti permette di rispondere rapidamente alle preoccupazioni o alle percezioni negative e di capitalizzare sulle tendenze positive, assicurando che la tua strategia di contenuto sia sempre allineata con le emozioni e le opinioni del tuo pubblico.

Co-creazione con il Pubblico: Infine, considera l'utilizzo di ChatGPT per facilitare la co-creazione di contenuti con il tuo pubblico. Invita i tuoi utenti a contribuire con idee, storie o feedback che possono essere poi elaborati e arricchiti attraverso l'intelligenza artificiale. Questo approccio collaborativo non solo valorizza i contributi del tuo pubblico ma genera anche un senso di appartenenza e investimento personale nel tuo brand.

Mentre continui a esplorare e innovare nella creazione di contenuti con ChatGPT, ricorda che il successo deriva dall'equilibrio tra tecnologia e tocco umano. La chiave è utilizzare ChatGPT non solo come uno strumento per produrre contenuti ma come un partner creativo che può aiutarti a esplorare nuove frontiere, a connetterti più profondamente con il tuo pubblico e a raccontare storie che ispirano, informano e intrattengono.

Esplorazione dei Formati di Contenuto Interattivo: Andando oltre il testo statico, puoi sfruttare ChatGPT per esplorare e creare formati di contenuto interattivo come quiz personalizzati, narrazioni a bivi, e sondaggi che si adattano in tempo reale alle risposte dell'utente. Questo tipo di contenuto può aumentare significativamente l'engagement fornendo esperienze uniche che stimolano la partecipazione attiva del pubblico.

Integrazione con Realtà Virtuale (VR) e Realtà Aumentata (AR): L'AI generativa può giocare un ruolo cruciale nell'arricchimento di esperienze VR e AR, fornendo testi dinamici che si adattano alle interazioni dell'utente con ambienti virtuali. ChatGPT può aiutare a creare scenari di realtà virtuale narrativi o supporti informativi in realtà aumentata che migliorano l'immersione e il coinvolgimento dell'utente.

Utilizzo di Metafore e Analogie per Spiegazioni Complesse: Per rendere i concetti difficili più accessibili, ChatGPT può essere utilizzato per generare metafore, analogie o storie semplici che spiegano argomenti complessi in termini più comprensibili. Questo approccio può essere particolarmente utile in contenuti educativi o divulgativi, dove l'obiettivo è rendere l'informazione accessibile a un pubblico più ampio.

Creazione di Contenuti Dinamici Basati sul Contesto: Sfruttando le capacità di apprendimento di ChatGPT, puoi sviluppare contenuti che si adattano dinamicamente al contesto dell'utente, come la sua posizione geografica, il momento della giornata, o persino le condizioni meteorologiche attuali. Questo livello di personalizzazione può rendere i tuoi contenuti incredibilmente pertinenti e tempestivi per ogni singolo utente.

Narrativa Seriale e Sviluppo di Personaggi: Utilizza ChatGPT per sviluppare serie narrative o costruire archi di personaggi dettagliati che si evolvono nel tempo attraverso i tuoi contenuti. Questo non solo mantiene il pubblico impegnato e in attesa della "prossima puntata" ma costruisce anche una narrazione complessa che può rafforzare la fedeltà al brand e l'identificazione con i valori e le storie che condividi.

Personalizzazione delle Esperienze di Shopping Online: Nel contesto dell'e-commerce, ChatGPT può aiutarti a creare descrizioni di prodotti dinamiche che cambiano in base al comportamento di navigazione o alle preferenze di acquisto degli utenti, suggerendo prodotti correlati o accessori in modo intelligente e contestualizzato per migliorare l'esperienza di shopping online.

Strategie di Contenuto Basate su Scenari Futuristici: Sfida ChatGPT a immaginare scenari futuristici o tendenze emergenti nel tuo settore, e usa queste visioni per generare contenuti che posizionano il tuo brand come leader di pensiero all'avanguardia, pronto ad affrontare le sfide e le opportunità del futuro.

Valutazione Etica e Responsabile dei Contenuti: Mentre esplori queste nuove frontiere della creazione di contenuti con ChatGPT, è fondamentale mantenere un approccio etico e responsabile, assicurando che i tuoi contenuti rispettino i principi di veridicità, inclusività e rispetto per la diversità e la dignità di tutti gli individui.

Incorporando queste strategie avanzate e approcci innovativi, l'uso di ChatGPT nella creazione di contenuti si trasforma da uno strumento di produzione testuale in un vero e proprio partner creativo che può aiutarti a navigare il paesaggio digitale in continua evoluzione. Man mano che continui a sperimentare e adattarti, scoprirai che le possibilità offerte dall'integrazione dell'intelligenza artificiale nella tua strategia di contenuto sono limitate solo dalla tua immaginazione e dalla tua volontà di esplorare nuovi orizzonti.

In conclusione, l'utilizzo di ChatGPT nella creazione di contenuti apre un vasto panorama di possibilità che vanno ben oltre la semplice generazione di testo. Dall'arricchimento dell'esperienza utente con contenuti interattivi e personalizzati alla costruzione di narrazioni complesse che catturano l'immaginazione del pubblico, le capacità di questa avanzata tecnologia AI possono essere sfruttate per elevare e trasformare la tua strategia di contenuto in modi precedentemente inimmaginabili.

Adottando un approccio che integra innovazione, personalizzazione e interattività, puoi utilizzare ChatGPT non solo per produrre contenuti ma per creare esperienze significative che resonano profondamente con il tuo pubblico. Questo richiede un impegno per l'esplorazione creativa, l'adattamento ai feedback, e l'adozione di nuove tecnologie e piattaforme che possono migliorare ulteriormente il coinvolgimento e l'interazione.

Incorporare elementi visivi e multimediali, sfruttare l'intelligenza artificiale per la creazione di giochi, quiz e formati narrativi interattivi, e personalizzare l'esperienza di ogni utente sono solo alcune delle strategie che puoi impiegare per arricchire i tuoi contenuti. Inoltre, l'esplorazione di nuovi canali di distribuzione e l'adozione di un approccio basato su scenari futuristici possono posizionarti come un leader di pensiero innovativo nel tuo settore.

È essenziale, tuttavia, navigare in questo territorio con una considerazione etica e responsabile, assicurando che i contenuti generati rispettino i principi di veridicità e inclusività e contribuiscano positivamente al discorso sociale e culturale. L'adozione di un ciclo di feedback e iterazione continua consente non solo di affinare la strategia di contenuto ma anche di rimanere sensibili e reattivi alle esigenze e alle aspettative del tuo pubblico.

Man mano che procedi in questo viaggio di scoperta e innovazione con ChatGPT, ricorda che il successo deriva dalla collaborazione tra l'intelligenza umana e artificiale. Sfruttando la creatività umana e le capacità analitiche e generative dell'AI, puoi sbloccare nuove dimensioni nella creazione di contenuti che non solo informano ed educano ma anche ispirano e connettono.

In definitiva, l'utilizzo di ChatGPT per la creazione di contenuti rappresenta un'opportunità straordinaria per sperimentare, innovare e ridefinire il modo in cui comunichiamo e interagiamo nel mondo digitale. Con un impegno per l'apprendimento continuo, l'adattamento creativo e l'integrazione tecnologica, i confini di ciò che è possibile nel campo della creazione di contenuti si espanderanno sempre di più, portando a nuove vette di coinvolgimento del pubblico e successo del brand.

5. Ottimizzazione SEO con ChatGPT: Strategie per utilizzare ChatGPT per la ricerca di parole chiave, la creazione di contenuti SEO-friendly e l'ottimizzazione dei siti web.

L'ottimizzazione per i motori di ricerca (SEO) è fondamentale per migliorare la visibilità online e attirare traffico qualificato verso il tuo sito web. Con l'avvento di ChatGPT, gli esperti di SEO hanno a disposizione uno strumento potente che può assistere in vari aspetti dell'ottimizzazione, dalla ricerca di parole chiave alla creazione di contenuti SEO-friendly e all'ottimizzazione tecnica dei siti web. Ecco alcune strategie per sfruttare al meglio ChatGPT in quest'ambito.

Ricerca di Parole Chiave con ChatGPT

La ricerca di parole chiave è il primo passo per una strategia SEO di successo. ChatGPT può assisterti in questo processo in diversi modi:

1. **Generazione di Idee per Parole Chiave**: Fornisci a ChatGPT un argomento generale o un'area di interesse, e chiedigli di generare idee per parole chiave potenziali. Questo può includere sinonimi, domande correlate e varianti a lunga coda.

2. **Analisi della Competizione**: ChatGPT può aiutarti a elaborare un elenco di concorrenti nel tuo settore. Successivamente, puoi analizzare i loro siti web per identificare le parole chiave per cui si posizionano, offrendoti spunti preziosi per la tua strategia.

Creazione di Contenuti SEO-Friendly

Una volta identificate le parole chiave rilevanti, il passo successivo è creare contenuti ottimizzati. Ecco come ChatGPT può essere d'aiuto:

1. **Strutturazione degli Articoli**: Chiedi a ChatGPT di aiutarti a strutturare i tuoi articoli o pagine web, suggerendo titoli, sottotitoli e argomenti chiave da trattare, assicurandoti che siano rilevanti per le tue parole chiave target.

2. **Ottimizzazione dei Metadati**: ChatGPT può generare meta titoli e descrizioni ottimizzati per

le parole chiave scelte, aiutandoti a migliorare il CTR (Click-Through Rate) dai risultati di ricerca.

3. **Creazione di Contenuti**: Usa ChatGPT per creare bozze di contenuti che includano naturalmente le tue parole chiave. Ricorda di rivedere e personalizzare i contenuti generati per assicurarti che rispecchino il tuo tono di voce e rispondano efficacemente alle intenzioni di ricerca degli utenti.

Ottimizzazione Tecnica del Sito Web

ChatGPT può anche assisterti nell'ottimizzazione tecnica del tuo sito web:

1. **Suggerimenti per l'Ottimizzazione della Velocità di Caricamento**: Chiedi a ChatGPT consigli per migliorare la velocità di caricamento delle pagine, un fattore importante per il posizionamento sui motori di ricerca e l'esperienza utente.

2. **Miglioramento dell'Accessibilità e dell'Esperienza Utente**: Utilizza ChatGPT per generare idee su come rendere il tuo sito più accessibile e fornire un'esperienza utente migliore, inclusi suggerimenti per una navigazione intuitiva e contenuti facilmente fruibili.

Monitoraggio e Analisi dei Risultati

Infine, ChatGPT può aiutarti a monitorare e analizzare i risultati delle tue strategie SEO:

1. **Analisi delle Performance**: Usa ChatGPT per elaborare report sui dati di performance del tuo sito web, come traffico, posizionamenti per parole chiave e tassi di conversione, aiutandoti a identificare aree di successo e aspetti da migliorare.

2. **Adattamento Strategico**: Sulla base dell'analisi dei risultati, chiedi a ChatGPT suggerimenti su come modificare o adattare la tua strategia SEO per affrontare le sfide emerse e sfruttare nuove opportunità.

Ricorda che, sebbene ChatGPT possa essere un grande alleato nella SEO, è essenziale combinare il suo utilizzo con l'esperienza umana e la verifica dei dati. L'ottimizzazione per i motori di ricerca è un processo dinamico che richiede un'attenzione costante alle tendenze del mercato, agli aggiornamenti degli algoritmi dei motori di ricerca e alle esigenze in evoluzione del tuo pubblico. L'integrazione di ChatGPT in questo processo non solo accelera la ricerca e la creazione di contenuti ma offre anche nuove prospettive e approcci che potrebbero non essere immediatamente evidenti.

Sviluppo di Strategie di Link Building: ChatGPT può assisterti nello sviluppo di strategie di link building, suggerendo tecniche creative per ottenere backlink di qualità. Questo potrebbe includere l'ideazione di contenuti che sono naturalmente inclini a ricevere link, come studi originali, guide definitive o infografiche informative. Può anche aiutarti a formulare pitch per guest posting o collaborazioni con altri siti che potrebbero portare a link rilevanti.

Ottimizzazione per la Ricerca Vocale: Con l'aumento dell'uso degli assistenti vocali, ottimizzare i contenuti per la ricerca vocale diventa sempre più importante. ChatGPT può aiutarti a generare domande in linguaggio naturale che le persone potrebbero usare quando cercano informazioni tramite ricerca vocale, permettendoti di integrare queste query nei tuoi contenuti e metadati per migliorare la visibilità in questo tipo di ricerche.

Analisi dei Trend di Ricerca: Utilizzando ChatGPT in combinazione con strumenti di analisi dei trend di ricerca, come Google Trends, puoi identificare rapidamente argomenti emergenti o interessi del pubblico che stanno guadagnando popolarità. Questo ti permette di creare contenuti altamente rilevanti e tempestivi che rispondono alle domande attuali del tuo pubblico, migliorando le possibilità di ottenere un buon posizionamento nei risultati di ricerca.

Creazione di Contenuti Evergreen: ChatGPT può essere impiegato per produrre contenuti evergreen che mantengono il loro valore e rilevanza nel tempo. Questi tipi di contenuti non solo aiutano a costruire una base solida per il tuo sito web ma possono anche attrarre traffico organico costante. Chiedi a ChatGPT di suggerire argomenti evergreen rilevanti per il tuo settore e di aiutarti a sviluppare contenuti che diventeranno risorse a lungo termine per il tuo pubblico.

Miglioramento dell'Intenzione Utente: ChatGPT può aiutarti a comprendere e allineare i tuoi contenuti con l'intenzione di ricerca degli utenti, un fattore cruciale per il successo SEO. Analizzando le domande poste dagli utenti e il tipo di informazioni che cercano, puoi adattare i tuoi contenuti per soddisfare queste esigenze, aumentando la pertinenza e l'utilità dei tuoi materiali per il pubblico target.

Formazione e Educazione SEO: Infine, ChatGPT può servire come uno strumento educativo per te e il tuo team, fornendo spiegazioni su concetti SEO complessi, aggiornamenti degli algoritmi e best practice. Questo può essere particolarmente utile per mantenere tutti aggiornati sulle ultime tendenze e tecniche in SEO, garantendo che le strategie implementate siano efficaci e conformi alle linee guida dei motori di ricerca.

Integrando ChatGPT nel tuo arsenale di strumenti SEO, puoi non solo ottimizzare i processi esistenti ma anche scoprire nuove opportunità per migliorare la visibilità online e l'engagement del tuo sito web.

Tuttavia, è fondamentale ricordare che la tecnologia AI dovrebbe essere utilizzata in tandem con l'esperienza umana e l'analisi approfondita, assicurando che le strategie SEO adottate siano ben informate, mirate e, soprattutto, efficaci nel raggiungere i tuoi obiettivi di business online.

Approfondimento nell'Analisi dei Contenuti Competitivi: Un altro modo per utilizzare ChatGPT nell'ambito SEO è condurre un'analisi dettagliata dei contenuti dei tuoi concorrenti. ChatGPT può aiutarti a identificare i temi e le parole chiave per cui i tuoi concorrenti si posizionano bene, fornendo spunti su aree di contenuto che potrebbero necessitare di maggior enfasi o miglioramento sul tuo sito. Questa analisi può rivelare lacune nei tuoi contenuti che, una volta colmate, possono migliorare significativamente la tua visibilità online.

Ottimizzazione dei Percorsi Utente: L'esperienza utente sul sito web ha un impatto diretto sul SEO. ChatGPT può essere utilizzato per generare suggerimenti su come migliorare i percorsi utente all'interno del tuo sito, garantendo che i visitatori trovino facilmente le informazioni che cercano. Questo può ridurre il tasso di rimbalzo e aumentare il tempo di permanenza sul sito, entrambi fattori che influenzano positivamente il ranking sui motori di ricerca.

Sviluppo di FAQ SEO-Friendly: Le pagine FAQ non solo servono a rispondere alle domande comuni dei tuoi utenti ma possono anche essere ottimizzate per migliorare il tuo SEO. Chiedi a ChatGPT di aiutarti a compilare una lista di domande frequenti relative al tuo settore o ai tuoi prodotti/servizi, insieme a risposte dettagliate che includano strategicamente le tue parole chiave target. Questo può aiutare a catturare traffico da ricerche specifiche e aumentare la pertinenza del tuo sito.

Creazione di Guide e Tutorial: I contenuti che educano e informano, come guide e tutorial, sono estremamente preziosi sia per gli utenti che per il SEO. Utilizzando ChatGPT, puoi generare bozze per guide passo-passo o tutorial video script che non solo aiutano a posizionarti come autorità nel tuo campo ma migliorano anche la tua visibilità nei risultati di ricerca per query educative o informative.

Strategie di Contenuto Localizzato: Per le aziende che operano in mercati locali o che hanno più sedi, l'ottimizzazione SEO locale è cruciale. ChatGPT può assistere nella creazione di contenuti localizzati, suggerendo eventi, notizie o informazioni specifiche dell'area che possono essere incorporate nei tuoi contenuti per aumentare la rilevanza locale e migliorare il posizionamento nei risultati di ricerca locali.

Implementazione di Schema Markup: Anche se principalmente un compito tecnico, ChatGPT può offrire una comprensione di base di come funziona lo Schema Markup e suggerire tipi di dati strutturati che potrebbero essere rilevanti per i tuoi contenuti.

L'implementazione corretta dello Schema Markup può migliorare la comprensione dei tuoi contenuti da parte dei motori di ricerca e aumentare la probabilità di ottenere risultati di ricerca migliorati, come i rich snippets.

Monitoraggio e Adattamento alle Evoluzioni degli Algoritmi: I motori di ricerca aggiornano continuamente i loro algoritmi, influenzando le strategie SEO efficaci. ChatGPT può essere utilizzato per rimanere informato sulle ultime novità e tendenze in SEO, generando consigli su come adattare le tue strategie alle nuove linee guida degli algoritmi per mantenere o migliorare il tuo posizionamento.

Incorporando ChatGPT nella tua strategia SEO, ottieni non solo un potente strumento per la ricerca di parole chiave, la creazione di contenuti e l'ottimizzazione tecnica, ma anche un assistente versatile che può supportare una vasta gamma di attività SEO. Tuttavia, è fondamentale mantenere un approccio critico e complementare l'input dell'AI con l'analisi umana e la verifica per assicurare che le tue strategie SEO rimangano allineate con le migliori pratiche e continuino a produrre risultati ottimali nel dinamico panorama dei motori di ricerca.

Personalizzazione dei Contenuti Basata sui Dati: Utilizzando i dati di analisi del sito web, puoi chiedere a ChatGPT di aiutarti a personalizzare i contenuti in base ai comportamenti e alle preferenze degli utenti. Analizzando le pagine più visitate, i tassi di conversione e altri indicatori chiave, ChatGPT può suggerire argomenti o aree di contenuto che potrebbero attrarre maggiormente il tuo pubblico target. Questo livello di personalizzazione basato sui dati aiuta a creare un'esperienza utente più coinvolgente e può aumentare significativamente l'efficacia dei tuoi sforzi SEO.

Ottimizzazione Multi-Piattaforma: In un'epoca di consumo dei media altamente frammentato, ottimizzare i contenuti per una varietà di piattaforme è essenziale. ChatGPT può assisterti nella modifica dei tuoi contenuti per adattarli a diversi formati, dalle ricerche desktop e mobili a piattaforme di social media e app. Questo assicura che i tuoi contenuti siano non solo SEO-friendly ma anche ottimizzati per l'engagement e la visibilità attraverso un ampio spettro di canali.

Utilizzo di ChatGPT per il Brainstorming di Linkbait: I contenuti che naturalmente attirano link esterni (linkbait) possono notevolmente aumentare l'autorità e il ranking del tuo sito. Chiedi a ChatGPT di generare idee per contenuti che siano informativi, controversi, unici o estremamente utili - qualcosa che inciti altri siti a linkare al tuo. Questo tipo di strategia di contenuto non solo supporta le tue iniziative SEO ma può anche posizionare il tuo brand come leader di pensiero nel tuo settore.

Sviluppo di Strategie di Contenuto a Lungo Termine: Mentre le strategie SEO spesso si concentrano su obiettivi a breve termine, è importante anche avere una visione a lungo termine. ChatGPT può aiutarti a delineare una roadmap di contenuti che supporti gli obiettivi aziendali a lungo termine, identificando argomenti e tendenze emergenti che potrebbero diventare rilevanti nel futuro. Questa pianificazione anticipata assicura che il tuo sito rimanga pertinente e continui a fornire valore nel tempo, un fattore chiave per il successo SEO sostenuto.

Analisi del Sentimento e Ottimizzazione dei Contenuti: L'analisi del sentimento può offrire intuizioni preziose sul modo in cui i tuoi contenuti risuonano con il pubblico. Utilizzando ChatGPT per valutare il sentimento generale dei commenti degli utenti, recensioni e feedback sui social media, puoi affinare il tono e l'approccio dei tuoi contenuti per meglio allinearsi con le preferenze del tuo pubblico, migliorando l'engagement e potenzialmente il ranking SEO.

Incorporazione di Elementi di Risposta Rapida: In un mondo dove gli utenti desiderano informazioni rapide e precise, incorporare elementi di risposta rapida nei tuoi contenuti può essere una mossa vincente. Chiedi a ChatGPT di aiutarti a creare FAQ concise, definizioni, elenchi e altre forme di contenuto che possano essere facilmente interpretate dai motori di ricerca per le funzionalità di snippet in primo piano. Questo non solo migliora la visibilità dei tuoi contenuti ma aumenta anche la probabilità che gli utenti clicchino sul tuo sito per approfondimenti.

Sperimentazione con Nuovi Formati di Contenuto: Infine, non aver paura di sperimentare con nuovi formati di contenuto suggeriti da ChatGPT. Che si tratti di podcast SEO-ottimizzati, video tutorial, webcomic, o chatbot interattivi, esplorare nuovi modi per coinvolgere il pubblico può rivelare opportunità uniche di migliorare sia l'engagement che il SEO. La chiave è mantenere un approccio basato sui dati e orientato agli utenti, assicurando che ogni nuovo formato di contenuto sia implementato con l'intento di soddisfare le esigenze e le preferenze del tuo pubblico target.

Integrando ChatGPT nella tua strategia SEO in questi modi innovativi, potrai non solo massimizzare la visibilità e il ranking del tuo sito nei motori di ricerca ma anche arricchire l'esperienza complessiva dell'utente, un aspetto sempre più cruciale per il successo online. L'approccio multifaceted che ChatGPT permette, dalla generazione di idee al supporto nell'ottimizzazione tecnica, apre nuove vie per affrontare le sfide SEO in un modo che è sia efficiente che efficace.

Approfondimenti Basati su Big Data: Considera l'utilizzo di ChatGPT in combinazione con analisi di big data per identificare schemi e tendenze nel comportamento di ricerca degli utenti che potrebbero non essere immediatamente evidenti. Questo può portare alla scoperta di nicchie di parole chiave inesplorate o opportunità di contenuto emergenti, consentendoti di posizionarti strategicamente per catturare segmenti di mercato in crescita.

Simulazioni di Interazione Utente: ChatGPT può essere utilizzato per simulare conversazioni o interazioni degli utenti per testare l'efficacia di vari approcci di contenuto o strutturazioni del sito web dal punto di vista SEO. Queste simulazioni possono fornire intuizioni preziose su come migliorare la navigabilità, l'architettura dell'informazione e la strategia di contenuto complessiva del tuo sito per massimizzare sia l'usabilità che l'ottimizzazione per i motori di ricerca.

Integrazione con Strumenti SEO Esistenti: Mentre ChatGPT offre un'ampia gamma di funzionalità, il suo potenziale può essere ulteriormente amplificato integrandolo con strumenti SEO esistenti e piattaforme di analisi. Utilizza ChatGPT per interpretare e generare insights dai dati raccolti da questi strumenti, trasformando le metriche grezze in azioni strategiche e contenuti ottimizzati.

Formazione Continua del Team: La SEO è un campo in continua evoluzione, con nuove tecniche e linee guida che emergono regolarmente. ChatGPT può servire come risorsa di formazione continua per il tuo team SEO, fornendo aggiornamenti sulle ultime best practice, studi di caso, e ricerche nel campo. Questo assicura che il tuo team rimanga all'avanguardia, adottando le strategie più attuali ed efficaci.

Creazione di Contenuti Reattivi: In un ambiente digitale che cambia rapidamente, la capacità di creare rapidamente contenuti reattivi a eventi attuali, tendenze di mercato o comportamenti degli utenti può dare al tuo sito un vantaggio competitivo. Utilizza ChatGPT per sviluppare rapidamente contenuti che rispondano a questi cambiamenti, mantenendo il tuo sito rilevante e impegnativo per il tuo pubblico.

Esplorazione di Nuove Metriche SEO: Mentre le metriche tradizionali come traffico organico e ranking delle parole chiave rimangono importanti, ChatGPT può aiutarti a esplorare nuove metriche che potrebbero offrire ulteriori insights sulle prestazioni del tuo sito. Questo può includere l'analisi del percorso utente, l'intenzione di ricerca, la soddisfazione dell'utente e altri indicatori comportamentali che influenzano il SEO.

Valorizzazione del Feedback degli Utenti: Infine, utilizza ChatGPT per analizzare e valorizzare il feedback degli utenti raccolto tramite recensioni, sondaggi, forum e social media. Questo feedback può essere una miniera d'oro di idee per l'ottimizzazione SEO, aiutandoti a capire meglio cosa cercano e apprezzano i tuoi utenti, e come puoi migliorare il tuo sito per soddisfare queste esigenze.

Attraverso l'implementazione strategica e creativa di ChatGPT nella tua strategia SEO, puoi non solo ottimizzare il tuo sito per i motori di ricerca ma anche creare un'esperienza utente più ricca e coinvolgente che promuova l'engagement, la conversione e la fedeltà del cliente nel lungo termine.

Ottimizzazione dei Percorsi di Conversione: L'utilizzo di ChatGPT può estendersi oltre la semplice creazione di contenuti SEO-friendly, aiutandoti a ottimizzare i percorsi di conversione sul tuo sito. Analizzando i dati di comportamento degli utenti e i feedback, ChatGPT può suggerire modifiche nella struttura delle pagine, nei CTA (Call-to-Action) e nelle offerte presentate per massimizzare le conversioni. Questo approccio olistico assicura che il traffico attirato attraverso le tue strategie SEO sia efficacemente convertito in azioni desiderate, come vendite, iscrizioni o contatti.

Strategie di Contenuto Basate sul Ciclo di Vita del Cliente: Con la comprensione del ciclo di vita del tuo cliente, ChatGPT può aiutarti a creare contenuti che indirizzano specificamente le esigenze e le domande degli utenti in diverse fasi del loro percorso. Da contenuti educativi per i nuovi visitatori a informazioni più dettagliate per potenziali acquirenti, fino a supporto post-vendita e contenuti di fidelizzazione per i clienti esistenti, questa strategia mirata migliora l'efficacia complessiva della tua presenza online e ottimizza l'esperienza dell'utente a ogni punto di contatto.

Integrazione del Feedback in Tempo Reale:
Utilizzando ChatGPT in combinazione con strumenti di raccolta del feedback in tempo reale, puoi ottenere insights preziosi direttamente dai tuoi utenti e visitatori. Questi dati possono poi informare la generazione di contenuti, assicurando che i tuoi sforzi SEO siano sempre guidati dalle preferenze e dalle esigenze reali del tuo pubblico, rendendo i tuoi contenuti non solo ottimizzati per i motori di ricerca ma anche estremamente rilevanti e utili per il tuo target.

Sviluppo di Campagne di Contenuto Tematico:
ChatGPT può essere impiegato per ideare e sviluppare campagne di contenuto tematico che costruiscono narrativa e interesse attorno a temi specifici rilevanti per il tuo settore. Questo approccio consente di approfondire argomenti chiave, stabilire la tua autorità e expertise, e migliorare la visibilità SEO attraverso contenuti interconnessi e ricchi di parole chiave pertinenti.

Ampliamento del Raggio di Influenza SEO:
Considera l'uso di ChatGPT per identificare e coinvolgere influencer, blogger e altri creatori di contenuti nel tuo settore che possono ampliare il raggio di influenza del tuo brand. Creando contenuti che incoraggiano la condivisione, la collaborazione e il link building naturale, puoi estendere significativamente la tua portata e migliorare il tuo posizionamento SEO attraverso backlink di qualità e menzioni social.

Esplorazione di Nuove Piattaforme e Canali:
Mentre è essenziale ottimizzare i contenuti per Google
e altri motori di ricerca tradizionali, l'evoluzione
digitale offre costantemente nuove piattaforme e canali
dove il tuo pubblico può essere attivo. ChatGPT può
aiutarti a esplorare queste nuove opportunità,
suggerendo strategie di contenuto per piattaforme
emergenti come TikTok, LinkedIn, podcast, e altri
canali di nicchia, assicurando che il tuo brand rimanga
all'avanguardia e visibile ovunque il tuo pubblico scelga
di impegnarsi.

**Miglioramento Continuo attraverso l'Analisi
Predictiva**: Infine, l'analisi predictiva può offrire un
livello aggiuntivo di raffinamento alle tue strategie
SEO. Utilizzando ChatGPT per interpretare i dati
predittivi, puoi anticipare le tendenze di ricerca future,
le modifiche del comportamento degli utenti e altri
cambiamenti del mercato, permettendoti di adattare
proattivamente la tua strategia di contenuto e SEO per
mantenere o migliorare il tuo posizionamento nei
risultati di ricerca.

L'adozione di ChatGPT nella tua strategia SEO
rappresenta un'evoluzione naturale nell'approccio alla
visibilità online, combinando l'intelligenza artificiale
con analisi sofisticate e creatività umana per creare una
presenza web che non solo raggiunge ma anche supera
le aspettative del tuo pubblico. Mentre continui a
sfruttare le capacità di ChatGPT, diventa possibile non
solo anticipare le esigenze dei tuoi utenti ma anche
rispondere a esse con contenuti altamente mirati e

ottimizzati che guidano l'engagement, la conversione e la fedeltà.

Personalizzazione Avanzata del Contenuto: Andando oltre la semplice ottimizzazione per parole chiave, puoi utilizzare ChatGPT per generare contenuti personalizzati basati su segmenti specifici di pubblico, sfruttando dati demografici, comportamentali e di interesse per parlare direttamente agli utenti in modi che risuonano profondamente con le loro esigenze e desideri. Questo livello di personalizzazione non solo migliora l'esperienza dell'utente ma contribuisce anche a migliorare il ranking SEO attraverso tassi di rimbalzo più bassi e un maggiore tempo di permanenza sul sito.

Rilevamento e Risposta alle Tendenze in Tempo Reale: Utilizzando ChatGPT in tandem con strumenti di monitoraggio delle tendenze, puoi rilevare e rispondere rapidamente alle tendenze emergenti nel tuo settore. Creando contenuti che affrontano queste tendenze in tempo reale, non solo mostri al tuo pubblico che il tuo brand è attuale e informato ma anche sfrutti le potenzialità SEO di argomenti di tendenza per attrarre traffico aggiuntivo al tuo sito.

Ottimizzazione dei Contenuti Esistenti: Oltre alla creazione di nuovi contenuti, ChatGPT può essere prezioso nell'ottimizzazione dei contenuti esistenti. Analizzando le pagine attuali per rilevare quelle sotto-performanti o obsolete, ChatGPT può suggerire modifiche o aggiornamenti che possono rinvigorire questi contenuti e migliorarne il posizionamento SEO, garantendo che l'intero tuo sito web rimanga pertinente e ottimizzato.

Sviluppo di Strumenti Interattivi: Considera l'uso di ChatGPT per sviluppare strumenti interattivi che incoraggino gli utenti a impegnarsi direttamente con il tuo sito, come calcolatrici personalizzate, quiz interattivi o configuratori di prodotto. Questi strumenti non solo forniscono valore aggiunto agli utenti ma possono anche generare contenuti dinamici che sono favorevoli al SEO, attirando link esterni e aumentando il tempo di permanenza sul sito.

Focalizzazione sull'Intenzione di Ricerca: Nella formulazione di strategie di contenuto con ChatGPT, poni un'enfasi particolare sull'allineamento con l'intenzione di ricerca degli utenti. Analizzando le tipologie di query effettuate, ChatGPT può aiutarti a determinare se gli utenti cercano informazioni, stanno valutando opzioni o sono pronti a effettuare un acquisto, permettendoti di creare contenuti che corrispondono direttamente a queste intenzioni e massimizzano le opportunità di ranking e conversione.

Integrazione di Feedback Continuo: Infine, incorpora un meccanismo di raccolta e analisi del feedback continuo per affinare costantemente la tua strategia SEO con l'aiuto di ChatGPT. Utilizzando i dati raccolti da analisi del sito, sondaggi degli utenti, e interazioni sui social media, puoi identificare aree di miglioramento, testare nuove idee e adattare dinamicamente i tuoi sforzi per mantenere una presenza online che sia non solo ottimizzata per i motori di ricerca ma profondamente risonante e valore aggiunto per il tuo pubblico.

Attraverso un impegno per l'innovazione continua, l'adattabilità e l'utilizzo strategico di strumenti come ChatGPT, puoi elevare la tua strategia SEO a nuovi livelli di successo, garantendo che il tuo sito web non solo raggiunga la visibilità desiderata ma diventi anche una destinazione di valore inestimabile per il tuo pubblico target.

Elaborazione di Contenuti Multimediali per il SEO: Mentre ChatGPT è eminentemente focalizzato sul testo, può anche guidarti nella strategia di contenuti multimediali, suggerendo idee per video, podcast e immagini che possono essere ottimizzati per migliorare il tuo SEO. Ad esempio, può aiutarti a generare titoli accattivanti per i video, descrizioni ottimizzate per la ricerca e trascrizioni complete che migliorano la visibilità dei tuoi contenuti multimediali nei risultati di ricerca. Integrare questi elementi multimediali nei tuoi contenuti non solo arricchisce l'esperienza dell'utente ma contribuisce anche a un profilo SEO più robusto, sfruttando la crescente preferenza dei motori di ricerca per contenuti vari e dinamici.

Ottimizzazione Cross-Channel: Utilizzando ChatGPT, puoi sviluppare una strategia di contenuto che ottimizza le sinergie tra diversi canali, inclusi i social media, il blog del tuo sito web, newsletter via email e piattaforme di pubblicazione di terze parti. ChatGPT può suggerire come adattare il nucleo del tuo messaggio a formati specifici per ogni canale, garantendo coerenza nel branding e nel messaggio pur ottimizzando ogni pezzo di contenuto per le piattaforme specifiche su cui verrà pubblicato. Questo approccio cross-channel non solo migliora la coerenza del brand ma amplifica anche la tua presenza SEO attraverso un approccio integrato alla creazione e distribuzione di contenuti.

Analisi Competitiva Approfondita: ChatGPT può assisterti nell'esecuzione di un'analisi competitiva dettagliata, esaminando non solo i contenuti e le parole chiave dei tuoi concorrenti ma anche le loro strategie di backlink, presenza sui social media e performance sulle piattaforme digitali. Queste intuizioni possono rivelare opportunità strategiche nascoste e aiutarti a identificare punti di differenziazione chiave che possono essere sfruttati nella tua strategia SEO per distinguerti nel mercato.

Sviluppo di Strategie di Contenuto Basate sull'IA: Mentre utilizzi ChatGPT per la SEO, puoi anche esplorare l'uso di altre tecnologie di intelligenza artificiale per analizzare grandi quantità di dati sul comportamento degli utenti e sulle tendenze di mercato. Questi dati possono informare lo sviluppo di strategie di contenuto altamente mirate che rispondono direttamente alle preferenze e ai bisogni emergenti del tuo pubblico, posizionando il tuo brand come leader attento e reattivo nel tuo settore.

Miglioramento della User Experience (UX): L'UX è diventata un fattore sempre più importante per il SEO, con i motori di ricerca che premiano i siti che offrono esperienze utente eccellenti. ChatGPT può fornire suggerimenti su come migliorare l'UX del tuo sito, dal miglioramento della velocità di caricamento alla progettazione di un'interfaccia utente intuitiva e alla creazione di contenuti facilmente navigabili. Implementare questi miglioramenti non solo aiuta il tuo SEO ma assicura anche che gli utenti rimangano più a lungo sul tuo sito, esplorino più pagine e, in definitiva, compiano azioni di conversione.

Adattamento alle Nuove Tecnologie e Tendenze del SEO: Con l'evoluzione continua del campo SEO, rimanere aggiornati sulle ultime tecnologie, algoritmi di ricerca e tendenze del settore è cruciale. ChatGPT può essere uno strumento prezioso per rimanere informati su queste evoluzioni, suggerendo come adattare le tue strategie per mantenere un vantaggio competitivo. Che si tratti di nuovi formati di contenuto, cambiamenti negli algoritmi dei motori di ricerca o l'emergere di nuove piattaforme digitali, l'uso strategico di ChatGPT può aiutarti a navigare nel panorama digitale in costante cambiamento.

Attraverso l'implementazione di queste strategie avanzate e l'adattamento continuo alle mutevoli dinamiche del SEO, puoi utilizzare ChatGPT non solo come uno strumento per ottimizzare i tuoi contenuti e la presenza online, ma come una risorsa centrale per guidare l'innovazione e la crescita nel tuo approccio al marketing digitale.

Evoluzione del SEO Vocale: Con l'aumento dell'uso degli assistenti vocali, il SEO vocale sta diventando una componente importante della strategia digitale complessiva. ChatGPT può aiutarti a ottimizzare i contenuti per la ricerca vocale, suggerendo modifiche che rendano il linguaggio più naturale e in linea con le query vocali. Ciò include la creazione di contenuti che rispondano direttamente alle domande formulate in modo conversazionale, migliorando la possibilità che il tuo sito venga selezionato come risposta da assistenti vocali.

Utilizzo di ChatGPT per il Content Gap Analysis: Identificare e colmare i vuoti nei tuoi contenuti può significativamente migliorare il tuo SEO. ChatGPT può eseguire un'analisi dettagliata per identificare aree in cui i contenuti esistenti potrebbero non soddisfare completamente le esigenze informative degli utenti o dove il tuo sito potrebbe mancare rispetto ai concorrenti. Questo può guidare lo sviluppo di nuovi contenuti che colmano queste lacune, offrendo un valore aggiunto agli utenti e migliorando il posizionamento del tuo sito nei risultati di ricerca.

Supporto nella Creazione di Link Interni: La costruzione di una rete efficace di link interni aiuta a distribuire l'autorità di pagina in tutto il sito e migliora la navigabilità per gli utenti. ChatGPT può suggerire strategie per l'inserimento intelligente di link interni all'interno dei tuoi contenuti, assicurando che le pagine più importanti ricevano adeguata visibilità e che gli utenti possano facilmente trovare informazioni correlate, migliorando così il tempo di permanenza e il valore fornito.

Ottimizzazione per la Ricerca Visiva: Con l'evoluzione delle capacità di ricerca visiva dei motori di ricerca, ottimizzare i contenuti per essere più "visibili" diventa importante. ChatGPT può aiutarti a ideare strategie per rendere le immagini e altri elementi visivi del tuo sito web più SEO-friendly, inclusa la creazione di tag ALT descrittivi, l'ottimizzazione delle dimensioni delle immagini per il caricamento veloce e l'uso di testi contestuali che aiutano i motori di ricerca a comprendere il contenuto visivo.

Analisi Predittiva e SEO: Utilizzando ChatGPT insieme a strumenti di analisi predittiva, puoi anticipare cambiamenti nelle tendenze di ricerca e comportamento degli utenti, adattando proattivamente i tuoi contenuti e strategie SEO per mantenere un passo avanti. Questo approccio non solo migliora la tua capacità di attrarre traffico qualificato ma ti permette anche di posizionarti come leader del settore, proattivamente rispondendo alle esigenze del mercato.

Miglioramento della Strategia di Contenuti Multimediali: Mentre prosegui nell'espandere la tua strategia di contenuti per includere vari formati multimediali, ChatGPT può offrire idee creative e suggerimenti per l'integrazione di video, podcast, webinar e infografiche che arricchiscono l'esperienza dell'utente e supportano gli obiettivi SEO. Creando contenuti multimediali che risuonano con il tuo pubblico e sono ottimizzati per la ricerca, puoi migliorare la visibilità e l'engagement complessivi.

Incorporando questi approcci all'avanguardia e mantenendo una mentalità aperta all'innovazione, puoi sfruttare ChatGPT non solo per ottimizzare i tuoi sforzi SEO attuali ma anche per esplorare nuovi orizzonti nel marketing digitale, garantendo che la tua marca rimanga pertinente, visibile e in grado di prosperare nell'ecosistema online in continua evoluzione.

In conclusione, l'incorporazione di ChatGPT nella tua strategia SEO rappresenta un passo avanguardistico verso l'ottimizzazione non solo dei contenuti ma dell'intera esperienza digitale che offri. Dalla ricerca avanzata di parole chiave e la creazione di contenuti SEO-friendly all'ottimizzazione tecnica dei siti web e all'analisi competitiva, ChatGPT si posiziona come uno strumento indispensabile che può trasformare le tue pratiche SEO.

Attraverso la personalizzazione dei contenuti basata su analisi comportamentali, l'ottimizzazione per la ricerca vocale e visuale, e lo sviluppo di una solida struttura di link interni, puoi migliorare significativamente la visibilità online del tuo sito e la sua capacità di attrarre traffico qualificato. L'esplorazione di contenuti multimediali e l'adattamento a nuovi canali e formati ti permettono di incontrare il tuo pubblico dove si trova, offrendo esperienze coinvolgenti che favoriscono la fedeltà al brand e la conversione.

La capacità di anticipare le tendenze emergenti attraverso l'analisi predittiva, di adattarsi rapidamente ai cambiamenti del mercato e di mantenere il tuo contenuto al passo con le esigenze in evoluzione del tuo pubblico ti posiziona come un leader proattivo nel tuo settore. Questo approccio dinamico e orientato al futuro alla SEO non solo assicura che il tuo sito web rimanga pertinente e competitivo ma contribuisce anche a costruire una solida reputazione online basata sulla qualità, l'affidabilità e l'innovazione.

Inoltre, l'adozione di ChatGPT per la formazione continua del tuo team e per l'elaborazione di strategie di contenuto basate sull'intelligenza artificiale promuove una cultura di apprendimento e adattabilità. Questo non solo migliora le competenze e le conoscenze del tuo team ma garantisce anche che le tue strategie SEO siano informate dalle ultime ricerche, tecnologie e best practices del settore.

Mentre continui a navigare nel panorama digitale in evoluzione, ricorda che il successo a lungo termine nella SEO richiede un impegno per l'eccellenza, l'innovazione e l'attenzione alle esigenze del tuo pubblico. L'integrazione di strumenti avanzati come ChatGPT nella tua strategia digitale rappresenta un investimento nel futuro del tuo brand, offrendo le basi per una crescita sostenibile, un maggiore engagement del pubblico e una presenza online che rispecchia veramente il valore e l'unicità della tua offerta.

In conclusione, utilizzare ChatGPT per ottimizzare la tua strategia SEO non è solo una questione di migliorare il ranking nei motori di ricerca; è un modo per arricchire l'interazione con il tuo pubblico, esplorare nuove frontiere di contenuto e posizionare il tuo brand come un punto di riferimento autorevole e innovativo nel tuo settore. Con l'approccio giusto, ChatGPT può diventare un pilastro centrale della tua strategia digitale, guidando l'ottimizzazione, l'innovazione e il successo nel dinamico mondo del SEO.

6. Automazione e Efficienza: Come ChatGPT può automatizzare compiti ripetitivi, dalla risposta alle email alla gestione dei social media, liberando tempo per attività più strategiche.

L'adozione di ChatGPT può significativamente aumentare l'efficienza e l'automazione in vari aspetti operativi e comunicativi delle aziende. Questa tecnologia AI ha il potenziale per trasformare compiti ripetitivi in processi automatizzati, consentendo ai team di dedicare più tempo a iniziative strategiche che richiedono un pensiero critico e creativo. Ecco come ChatGPT può essere utilizzato per automatizzare compiti in diversi ambiti lavorativi:

Risposta alle Email

ChatGPT può essere configurato per gestire la posta in arrivo, rispondendo automaticamente a email frequenti o di routine. Questo include la gestione di richieste di informazioni standard, la conferma di ricezione di documenti, o la risposta a domande comuni sui prodotti o servizi. Implementando ChatGPT per filtrare e rispondere a queste email, le aziende possono assicurarsi che le comunicazioni vengano gestite in modo tempestivo, migliorando la soddisfazione del cliente e liberando il personale per concentrarsi su interrogazioni più complesse o attività di valore aggiunto.

Gestione dei Social Media

ChatGPT può automatizzare la creazione e la pubblicazione di contenuti sui social media, dalla generazione di post giornalieri all'interazione con i follower. Può essere utilizzato per rispondere a commenti standard, ringraziare gli utenti per il loro supporto, o indirizzare le domande più specifiche al team appropriato. Automatizzando questi compiti, le aziende possono mantenere una presenza attiva e impegnativa sui social media senza richiedere un impegno manuale costante.

Generazione di Contenuti

La creazione di contenuti regolari per blog, newsletter e altri canali può essere un processo dispendioso in termini di tempo. ChatGPT può aiutare a generare bozze di contenuto, idee per articoli, titoli accattivanti e persino contenuti completi basati su linee guida e parole chiave specifiche. Questo non solo accelera il processo di creazione ma garantisce anche che i contenuti rimangano pertinenti e ottimizzati per SEO, sostenendo gli sforzi di marketing e comunicazione.

Assistenza Clienti e Chatbot

Integrare ChatGPT nei sistemi di chatbot per fornire assistenza clienti 24/7 può drasticamente migliorare l'esperienza dell'utente, offrendo risposte immediate e accurate a domande frequenti. Questo approccio consente di gestire un volume elevato di richieste senza la necessità di un intervento umano costante, garantendo che le risorse umane siano allocate a problemi più complessi che richiedono attenzione personalizzata.

Automazione di Compiti Amministrativi

ChatGPT può essere impiegato per automatizzare una vasta gamma di compiti amministrativi, come la pianificazione di appuntamenti, la creazione di promemoria, l'organizzazione di meeting e la gestione di calendari. Automatizzando questi processi, le aziende possono ridurre il carico di lavoro amministrativo sul personale, consentendo loro di concentrarsi su compiti che aggiungono maggiore valore all'azienda.

Formazione e Onboarding

ChatGPT può facilitare la formazione e l'onboarding di nuovi dipendenti, fornendo risposte istantanee a domande comuni, materiali formativi su richiesta e quiz interattivi per testare la comprensione. Questo non solo rende il processo di onboarding più efficiente ma assicura anche che i nuovi assunti abbiano accesso immediato alle informazioni di cui hanno bisogno per integrarsi con successo nel loro nuovo ruolo.

Incorporando ChatGPT per automatizzare questi compiti ripetitivi, le aziende possono non solo migliorare l'efficienza operativa ma anche elevare la qualità del servizio offerto, assicurando che il personale sia libero di dedicarsi a iniziative strategiche e creative che guidano la crescita e l'innovazione aziendale.

Ottimizzazione dei Flussi di Lavoro Interni

L'automazione attraverso ChatGPT non si limita alla comunicazione esterna; può rivoluzionare anche i flussi di lavoro interni. Ad esempio, ChatGPT può essere utilizzato per compilare automaticamente report basati su dati, estrarre insights rilevanti da riunioni registrate o documentazione tecnica, e generare riepiloghi di progetti o update di stato che mantengono il team informato e allineato. Questo tipo di automazione contribuisce a un ambiente di lavoro più efficiente, riducendo il tempo speso in compiti amministrativi e aumentando la capacità del team di concentrarsi su obiettivi strategici più ampi.

Personalizzazione delle Interazioni con il Cliente

Oltre a gestire le richieste standard dei clienti, ChatGPT può essere programmato per offrire un livello di personalizzazione nelle interazioni con il cliente. Analizzando i dati storici delle interazioni, può adattare le risposte per riflettere le preferenze individuali dei clienti o fornire raccomandazioni personalizzate basate sui loro interessi e comportamenti passati. Questa personalizzazione non solo migliora l'esperienza del cliente ma può anche aumentare le opportunità di vendita incrociata e di fidelizzazione.

Integrazione con Altri Sistemi Aziendali

L'efficacia di ChatGPT nell'automazione e nell'efficienza può essere ulteriormente amplificata integrandolo con altri sistemi aziendali, come CRM (Customer Relationship Management), ERP (Enterprise Resource Planning) o piattaforme di e-commerce. Questa integrazione consente a ChatGPT di accedere a un'ampia gamma di dati aziendali in tempo reale, migliorando la precisione delle sue risposte e la pertinenza delle sue azioni, dal supporto clienti alla gestione dell'inventario e oltre.

Supporto Decisionale Basato sui Dati

ChatGPT può anche svolgere un ruolo cruciale nel supporto decisionale, analizzando grandi volumi di dati per identificare tendenze, pattern e insights che possono informare la strategia aziendale. Ad esempio, può aiutare a identificare aree di efficienza operativa, opportunità di mercato non sfruttate, o segmenti di clienti sotto-serviti. Queste intuizioni basate sui dati possono essere fondamentali per prendere decisioni informate che guidano la crescita e l'innovazione.

Sviluppo e Test di Nuovi Prodotti

Nel contesto dello sviluppo di prodotti, ChatGPT può automatizzare parti del processo di raccolta e analisi del feedback dei clienti, permettendo ai team di prodotto di identificare rapidamente aree di miglioramento o idee per nuove funzionalità. Inoltre, può generare scenari di test automatizzati o assistere nella documentazione di prodotto, riducendo il carico di lavoro sul team di sviluppo e accelerando il time-to-market di nuovi prodotti o servizi.

Formazione Continua e Sviluppo Professionale

Infine, ChatGPT può essere utilizzato come uno strumento per la formazione continua e lo sviluppo professionale all'interno dell'organizzazione. Generando materiali di formazione su misura, facilitando simulazioni o role-play, o fornendo piattaforme di apprendimento interattivo, ChatGPT può contribuire a mantenere il personale aggiornato sulle ultime competenze, tecnologie e best practices del settore. Questo non solo migliora le capacità individuali ma rafforza anche la competitività e l'innovatività complessiva dell'azienda.

Incorporando ChatGPT in queste aree, le organizzazioni possono non solo semplificare le operazioni quotidiane ma anche posizionarsi strategicamente per il successo a lungo termine, sfruttando l'intelligenza artificiale per guidare l'efficienza, l'innovazione e la crescita sostenibile.

Ampliamento dell'Accesso alle Informazioni

ChatGPT può trasformare il modo in cui le informazioni vengono condivise e accessibili all'interno di un'organizzazione. Creando un'interfaccia intuitiva basata su chat, i dipendenti possono ottenere rapidamente risposte a domande comuni, accedere a database di conoscenza aziendale, o ricevere aggiornamenti in tempo reale su progetti e iniziative. Questo non solo riduce il tempo speso nella ricerca di informazioni ma promuove anche una cultura di condivisione della conoscenza e collaborazione.

Automazione della Ricerca e Sviluppo (R&D)

Nel settore della ricerca e sviluppo, ChatGPT può automatizzare la raccolta e l'analisi preliminare dei dati di ricerca, generare ipotesi basate su set di dati esistenti, e aiutare a redigere documenti di ricerca o rapporti. Utilizzando ChatGPT per gestire questi compiti iniziali, i ricercatori possono dedicare più tempo all'esplorazione creativa di nuove idee e all'approfondimento di analisi complesse, accelerando il processo di innovazione.

Monitoraggio e Gestione delle Menzioni del Brand

ChatGPT può essere configurato per monitorare internet alla ricerca di menzioni del brand, raccogliendo feedback, commenti e recensioni da varie fonti online. Questa funzionalità permette alle aziende di avere una visione olistica della percezione del loro brand, identificare rapidamente eventuali problemi o criticità, e interagire proattivamente con i clienti per risolvere problemi o contrastare feedback negativo, proteggendo la reputazione online.

Ottimizzazione dei Processi di Onboarding

L'integrazione di nuovi dipendenti può essere resa più efficiente e coinvolgente con l'aiuto di ChatGPT. Automatizzando la distribuzione di materiali di onboarding, la programmazione di sessioni formative e la fornitura di risposte immediate alle domande comuni dei nuovi assunti, ChatGPT può garantire un'esperienza di onboarding fluida e informativa, migliorando la soddisfazione e la produttività dei nuovi membri del team fin dal primo giorno.

Supporto al Team Creativo

ChatGPT può servire come fonte di ispirazione e brainstorming per i team creativi, suggerendo idee per campagne pubblicitarie, design di prodotti o strategie di contenuto. Fornendo un flusso costante di idee e stimoli creativi, ChatGPT può aiutare a superare il blocco creativo e incentivare la generazione di concetti innovativi e originali.

Gestione del Rischio e Compliance

Nell'ambito della gestione del rischio e della compliance, ChatGPT può assistere nell'automazione della raccolta e analisi di dati relativi alla conformità normativa, generare report su potenziali rischi aziendali, e suggerire azioni preventive. Questo aiuta le organizzazioni a rimanere in linea con le normative vigenti, minimizzando il rischio di sanzioni e proteggendo la reputazione aziendale.

Potenziamento della Strategia Omnicanale

ChatGPT può essere impiegato per coordinare e ottimizzare la presenza del brand su diversi canali, assicurando messaggi coerenti e personalizzati per il pubblico di ogni piattaforma. Analizzando le interazioni dei clienti attraverso i canali, ChatGPT può suggerire strategie per migliorare l'integrazione e l'efficacia della comunicazione omnicanale, potenziando l'engagement del cliente e la coerenza del brand.

Incorporando ChatGPT in questi ambiti, le aziende non solo automatizzano i compiti ripetitivi, liberando risorse per attività ad alto valore aggiunto, ma sfruttano anche l'intelligenza artificiale per aprire nuove strade verso l'innovazione, la crescita sostenibile e un vantaggio competitivo nel mercato globale.

Facilitazione della Collaborazione Interdipartimentale

L'impiego di ChatGPT può semplificare e incentivare la collaborazione tra diversi reparti. Creando ponti di comunicazione automatizzati, facilita lo scambio di informazioni, la pianificazione congiunta di progetti e l'armonizzazione degli obiettivi aziendali tra i team. Ad esempio, ChatGPT può essere utilizzato per aggregare e sintetizzare le richieste di progetto, assicurando che tutti i reparti siano allineati e informati, riducendo così i silos organizzativi e promuovendo una cultura aziendale di collaborazione e trasparenza.

Ottimizzazione del Customer Journey

ChatGPT può analizzare i percorsi dei clienti attraverso i vari touchpoint digitali, identificando ostacoli, punti di attrito e opportunità per migliorare l'esperienza complessiva del cliente. Automatizzando indagini di follow-up, analizzando i feedback dei clienti e suggerendo miglioramenti basati sui dati, ChatGPT supporta l'ottimizzazione continua del customer journey, aumentando la soddisfazione del cliente e potenziando la lealtà al brand.

Supporto nelle Operazioni Globali

Per le aziende che operano su scala globale, ChatGPT può automatizzare la traduzione e la localizzazione dei contenuti, assicurando che la comunicazione con i clienti e i partner internazionali sia chiara, coerente e culturalmente appropriata. Questo non solo migliora l'efficacia della comunicazione globale ma aiuta anche a costruire e mantenere una presenza di marca positiva nei diversi mercati internazionali.

Automazione delle Analisi di Mercato

ChatGPT può essere impiegato per condurre analisi di mercato, raccogliendo e analizzando dati su tendenze, concorrenza e preferenze dei consumatori. Automatizzando questo processo, le aziende possono rapidamente acquisire insights preziosi che informano lo sviluppo del prodotto, le strategie di marketing e le decisioni di posizionamento, mantenendosi sempre un passo avanti rispetto alle dinamiche di mercato in evoluzione.

Incremento dell'Innovazione Produttiva

Attraverso l'automazione di routine di feedback sui prodotti e di raccolta di suggerimenti di miglioramento da parte dei clienti, ChatGPT può giocare un ruolo cruciale nel processo di innovazione produttiva. Analizzando grandi volumi di feedback dei clienti, può identificare tendenze e pattern nei dati che possono ispirare nuove idee di prodotto o miglioramenti, accelerando il ciclo di innovazione e assicurando che i prodotti rimangano in linea con le aspettative e i bisogni dei consumatori.

Facilitazione dell'Accesso a Formazione e Sviluppo

ChatGPT può personalizzare i piani di formazione e sviluppo per i dipendenti, suggerendo risorse educative, tracciando i progressi e fornendo feedback in tempo reale. Questo approccio personalizzato non solo rende l'apprendimento più efficace e coinvolgente per i dipendenti ma contribuisce anche allo sviluppo di competenze che sono direttamente allineate agli obiettivi aziendali e alle esigenze future del mercato del lavoro.

Rafforzamento delle Strategie di Sostenibilità

Infine, ChatGPT può assistere le aziende nello sviluppo e nell'implementazione di strategie di sostenibilità, analizzando i dati sulle pratiche aziendali per identificare aree di miglioramento, suggerendo iniziative sostenibili e monitorando i progressi verso gli obiettivi di sostenibilità. Questo non solo aiuta le aziende a ridurre il loro impatto ambientale ma rafforza anche la loro reputazione come marchi responsabili e consapevoli dal punto di vista sociale ed ecologico.

L'integrazione di ChatGPT in queste aree dimostra la sua versatilità come strumento per non solo automatizzare i compiti ripetitivi ma anche per catalizzare l'innovazione, migliorare le operazioni e rafforzare l'engagement sia interno che esterno, sostenendo così una crescita aziendale sostenibile e responsabile.

Potenziamento del Problem Solving Collaborativo

L'utilizzo di ChatGPT facilita il problem solving collaborativo, permettendo ai team di sfruttare un'ampia base di conoscenze per generare soluzioni innovative a sfide complesse. Fornendo accesso immediato a dati, ricerche e informazioni pertinenti, ChatGPT può accelerare il processo di brainstorming e decisionale, consentendo ai team di valutare diverse strategie e approcci in tempo reale. Questo potenzia la capacità dell'azienda di risolvere problemi in modo efficace, promuovendo un ambiente di lavoro dinamico e reattivo.

Miglioramento della Gestione del Tempo

ChatGPT può rivoluzionare la gestione del tempo all'interno delle organizzazioni, automatizzando la programmazione degli impegni e la priorizzazione dei compiti. Attraverso l'analisi delle esigenze e delle scadenze del progetto, può suggerire piani di lavoro ottimali, aiutando i dipendenti a concentrarsi sulle attività più critiche. Ciò porta a una maggiore produttività e assicura che i progetti progrediscano in modo efficiente, massimizzando l'uso del tempo lavorativo disponibile.

Supporto alla Creatività e all'Innovazione

Incoraggiando l'uso di ChatGPT per l'esplorazione di idee creative e innovative, le aziende possono sbloccare nuovi livelli di ingegnosità all'interno dei loro team.

ChatGPT può servire come fonte di ispirazione, fornendo spunti, suggerimenti e persino prototipi di concetti che possono essere ulteriormente sviluppati. Questo stimola un ambiente di lavoro in cui la creatività è valorizzata e promossa, guidando l'innovazione continua e il miglioramento dei prodotti, servizi e processi aziendali.

Ottimizzazione delle Risorse Umane

L'automazione delle funzioni HR attraverso ChatGPT può trasformare l'efficienza di queste operazioni. Dalla gestione delle domande frequenti dei dipendenti alla semplificazione dei processi di reclutamento e onboarding, ChatGPT può ridurre il carico di lavoro amministrativo sulle risorse umane, permettendo loro di concentrarsi su compiti di maggiore valore come lo sviluppo del talento e la strategia organizzativa. Inoltre, può migliorare l'esperienza dei dipendenti, fornendo risposte rapide e personalizzate alle loro richieste.

Automazione nelle Finanze e nella Contabilità

ChatGPT può automatizzare una serie di compiti nelle operazioni finanziarie e contabili, compresa la generazione di report finanziari, l'analisi delle tendenze di spesa e l'ottimizzazione della gestione del flusso di cassa. Questo non solo migliora l'accuratezza e riduce il potenziale per errori umani ma libera anche il personale finanziario per concentrarsi sull'analisi strategica e sulla pianificazione finanziaria a lungo termine, contribuendo alla salute finanziaria complessiva dell'organizzazione.

Facilitazione dell'Accesso Globale e dell'Inclusività

Con la capacità di processare e generare contenuti in molteplici lingue, ChatGPT può facilitare l'accesso globale e promuovere l'inclusività all'interno delle aziende. Questo non solo rende le informazioni aziendali più accessibili a un pubblico globale ma supporta anche la diversità all'interno del posto di lavoro, garantendo che i dipendenti di diverse origini linguistiche e culturali possano contribuire e collaborare efficacemente.

Promozione della Sostenibilità Ambientale

Automatizzando processi che tradizionalmente richiederebbero risorse cartacee o fisiche, ChatGPT può aiutare le aziende nella loro transizione verso operazioni più sostenibili. Riducendo la dipendenza dalla carta e ottimizzando l'uso delle risorse, le aziende non solo minimizzano il loro impatto ambientale ma promuovono anche pratiche di lavoro eco-compatibili tra i loro dipendenti, allineandosi con gli obiettivi globali di sostenibilità.

L'impiego strategico di ChatGPT attraverso queste diverse aree dimostra il suo potenziale come forza motrice per l'automazione intelligente e l'efficienza operativa. Andando oltre il semplice compito di automazione, ChatGPT si rivela come uno strumento versatile che può portare innovazioni significative in vari aspetti dell'ambiente lavorativo, promuovendo una cultura di lavoro più agile, reattiva e sostenibile.

Ampliamento delle Capacità di Analisi dei Dati

L'integrazione di ChatGPT con sistemi di analisi dei dati può fornire alle aziende strumenti potenti per l'interpretazione e l'azione basata su vasti volumi di dati. Può aiutare a identificare pattern nascosti, prevedere tendenze di mercato, e generare insights azionabili che possono informare la strategia aziendale. Automatizzando l'analisi dei dati, le aziende possono accelerare il processo decisionale, ridurre i rischi e sfruttare le opportunità di mercato con maggiore precisione.

Miglioramento della Sicurezza Informatica

Con le preoccupazioni per la sicurezza informatica in aumento, ChatGPT può assistere nell'automazione della sorveglianza di sicurezza, nella rilevazione di anomalie e nella risposta agli incidenti. Fornendo analisi in tempo reale e alert basati su modelli di traffico di rete sospetti o attività utente, ChatGPT può contribuire a prevenire violazioni dei dati e mitigare rapidamente eventuali problemi di sicurezza, rafforzando la resilienza informatica dell'azienda.

Valorizzazione del Customer Engagement

ChatGPT può trasformare l'engagement dei clienti attraverso l'automazione di interazioni personalizzate e tempestive. Analizzando il comportamento dei clienti e le interazioni passate, può fornire raccomandazioni personalizzate, promozioni su misura e supporto proattivo, elevando l'esperienza del cliente e costruendo relazioni più forti e significative con il marchio.

Ottimizzazione della Gestione della Catena di Fornitura

Nel settore della logistica e della gestione della catena di fornitura, ChatGPT può offrire soluzioni per automatizzare e ottimizzare i processi, dalla previsione della domanda all'inventario e alla pianificazione delle consegne. Utilizzando l'intelligenza artificiale per analizzare tendenze e dati storici, può aiutare a ridurre i costi, migliorare l'efficienza operativa e garantire che i prodotti giungano ai consumatori nel modo più efficiente possibile.

Supporto alla Ricerca e allo Sviluppo Sostenibili

Incorporando ChatGPT nel processo di ricerca e sviluppo, le aziende possono sfruttare la sua capacità di generare rapidamente prototipi di idee, simulare risultati e testare scenari. Questo non solo accelera il ciclo di innovazione ma promuove anche pratiche di R&S sostenibili, riducendo la necessità di risorse fisiche e minimizzando l'impronta ambientale associata allo sviluppo di nuovi prodotti.

Facilitazione dell'Apprendimento Organizzativo Continuo

ChatGPT può essere un catalizzatore per l'apprendimento organizzativo continuo, fornendo piattaforme per la formazione on-demand, l'aggiornamento delle competenze e il supporto al mentoring. Creando ambienti di apprendimento personalizzati e accessibili, aiuta a coltivare una forza lavoro più competente, versatile e pronta ad affrontare le sfide future.

L'adozione di ChatGPT rappresenta un'opportunità strategica per le aziende di cogliere i vantaggi dell'automazione intelligente e dell'intelligenza artificiale, trasformando non solo le operazioni quotidiane ma anche guidando l'innovazione a lungo termine. Mentre continuiamo a esplorare e sfruttare le capacità di questa tecnologia emergente, si apre un futuro promettente in cui l'efficienza, la creatività e la sostenibilità sono al centro delle pratiche aziendali, guidando verso un successo sostenibile e un impatto positivo nel mondo.

Potenziamento delle Decisioni Basate sui Dati

L'integrazione di ChatGPT nel processo decisionale delle aziende può significativamente aumentare la precisione e l'efficacia delle decisioni basate sui dati. Analizzando grandi volumi di informazioni da varie fonti, ChatGPT può identificare rapidamente tendenze rilevanti, anomalie e opportunità, fornendo ai decisori aziendali insights preziosi. Questo approccio data-driven permette alle aziende di agire rapidamente su informazioni affidabili, ottimizzando le strategie di mercato, la pianificazione dei prodotti e le operazioni per massimizzare l'efficacia e ridurre i rischi.

Rivoluzionare il Marketing con Insights AI

ChatGPT può trasformare le strategie di marketing offrendo una comprensione più profonda del comportamento dei consumatori e delle dinamiche di mercato. Generando analisi dei sentimenti, tendenze dei social media e comportamenti di acquisto, ChatGPT fornisce ai team di marketing una base solida per campagne mirate e messaggi personalizzati. Automatizzando l'analisi dei dati di marketing, le aziende possono affinare le loro strategie pubblicitarie e di engagement per risuonare meglio con il target di riferimento, migliorando il ROI delle campagne e rafforzando la presenza del brand.

Sviluppo Agile di Software e Prodotti

Nell'ambito dello sviluppo di software e prodotti, ChatGPT può svolgere un ruolo cruciale nell'accelerare il processo di ideazione, prototipazione e testing. Fornendo feedback immediato sul codice, generando documentazione software o simulando interazioni utente, ChatGPT aiuta i team di sviluppo a iterare rapidamente sui loro progetti, riducendo i tempi di sviluppo e migliorando la qualità del prodotto finale. Questo approccio agile consente alle aziende di rimanere competitive in mercati in rapida evoluzione, soddisfacendo le esigenze dei clienti con soluzioni innovative.

Ottimizzazione delle Risorse Energetiche

ChatGPT può aiutare le aziende a ottimizzare l'uso delle risorse energetiche, analizzando i dati di consumo e suggerendo strategie per aumentare l'efficienza energetica. Questo non solo contribuisce a ridurre i costi operativi ma promuove anche la sostenibilità ambientale. Implementando soluzioni basate su AI per il monitoraggio e la gestione dell'energia, le aziende possono identificare aree di spreco, adattare i processi per ridurre il consumo e investire in tecnologie sostenibili, allineandosi con gli obiettivi globali di riduzione dell'impronta carbonica.

Miglioramento del Benessere dei Dipendenti

L'uso di ChatGPT può andare oltre le funzioni aziendali tradizionali, contribuendo anche al miglioramento del benessere dei dipendenti. Fornendo supporto per la salute mentale, risorse di benessere, consigli per la gestione dello stress e programmi di sviluppo personale tramite piattaforme accessibili e interattive, ChatGPT può avere un impatto positivo sulla soddisfazione e sulla produttività dei dipendenti. Promuovendo un ambiente di lavoro che valuta il benessere complessivo, le aziende possono migliorare la retention, attrarre talenti di alto livello e costruire una cultura aziendale forte.

Espansione delle Capacità di Servizio Globale

Con la sua capacità di processare e generare risposte in molteplici lingue, ChatGPT può facilitare l'espansione globale delle capacità di servizio delle aziende, rendendo i loro prodotti, servizi e supporto clienti accessibili a un pubblico più ampio. Questo non solo migliora l'esperienza del cliente in diversi mercati ma apre anche nuove opportunità di crescita internazionale, permettendo alle aziende di navigare con successo nelle complessità dei mercati globali mantenendo un alto livello di servizio e supporto.

L'integrazione di ChatGPT in queste aree evidenzia il suo ruolo come uno strumento trasversale che può influenzare positivamente quasi ogni aspetto dell'operatività aziendale, dalla gestione interna ed efficienza operativa all'interazione con i clienti e l'espansione sul mercato. L'adozione di ChatGPT non solo automatizza i compiti ripetitivi, liberando risorse umane preziose per concentrarsi su attività strategiche più complesse e creative, ma apre anche la porta a nuove modalità di innovazione e approcci al problem solving.

L'impiego di questa tecnologia AI in ambienti di lavoro diversificati dimostra la sua versatilità e capacità di adattamento, offrendo soluzioni personalizzate che rispondono alle specifiche esigenze di ogni azienda. Dalla risposta automatica alle email e la gestione dei social media, fino al supporto nelle decisioni basate sui dati, all'ottimizzazione delle operazioni e al miglioramento del benessere dei dipendenti, ChatGPT può significativamente incrementare l'efficienza, la produttività e l'innovazione all'interno delle organizzazioni.

Inoltre, il ruolo di ChatGPT nell'assistere le aziende nell'adattamento alle tendenze emergenti e nel mantenimento della competitività in un panorama di mercato in rapida evoluzione è inestimabile. Con la sua capacità di analizzare grandi volumi di dati, identificare tendenze, e generare insights azionabili, ChatGPT fornisce alle aziende gli strumenti necessari per navigare con successo le sfide del futuro, anticipare le esigenze dei clienti e rimanere all'avanguardia nell'innovazione.

L'implementazione di ChatGPT come componente chiave delle strategie aziendali rappresenta una mossa proattiva verso l'ottimizzazione delle risorse e la massimizzazione del potenziale di crescita. Aziende che abbracciano questa tecnologia non solo affermano il loro impegno verso l'efficienza e l'innovazione ma si posizionano anche come leader nel sfruttamento delle tecnologie emergenti per migliorare la loro operatività e il servizio al cliente.

In conclusione, l'utilizzo di ChatGPT transcende la semplice automazione dei compiti, trasformandosi in una leva strategica per l'innovazione aziendale, l'eccellenza operativa e la sostenibilità a lungo termine. Man mano che continuiamo a esplorare e sfruttare le capacità di questa tecnologia AI, le possibilità di trasformazione e miglioramento in tutti gli aspetti del mondo aziendale sembrano solo espandersi, promettendo un futuro in cui l'efficienza, l'innovazione e l'impatto positivo guidano il progresso delle organizzazioni in ogni settore.

7. ChatGPT per il Servizio Clienti: Implementazione di ChatGPT in chatbot per il servizio clienti per fornire risposte rapide e personalizzate 24/7.

L'implementazione di ChatGPT nei chatbot per il servizio clienti rappresenta una svolta nell'efficienza e nella qualità dell'assistenza clienti. Offrendo risposte rapide, precise e personalizzate in ogni momento, questi sistemi AI migliorano significativamente l'esperienza del cliente, garantendo al contempo un servizio costante e riducendo il carico di lavoro sul personale. Ecco come può essere realizzata un'efficace implementazione di ChatGPT in chatbot per il servizio clienti:

Fase 1: Definizione degli Obiettivi

Prima di implementare ChatGPT, è essenziale definire chiaramente gli obiettivi del chatbot. Questo potrebbe includere la fornitura di assistenza clienti 24/7, la gestione di richieste di informazioni standard, il supporto per l'acquisto o il post-vendita, o l'automazione di compiti specifici come prenotazioni e ordini. Una chiara comprensione degli obiettivi aiuterà a personalizzare l'esperienza del chatbot in base alle esigenze dell'azienda e dei suoi clienti.

Fase 2: Sviluppo e Personalizzazione

Dopo aver definito gli obiettivi, la fase successiva è lo sviluppo del chatbot, integrando ChatGPT come motore di conversazione. Durante questa fase, è importante personalizzare il modello di lingua di ChatGPT in base al tono di voce del brand e alle specifiche esigenze del servizio clienti. Questo include l'addestramento del chatbot su domande frequenti, terminologia specifica del settore e scenari di conversazione comuni, assicurando che le risposte fornite siano pertinenti e utili.

Fase 3: Integrazione con Sistemi Esistenti

Per massimizzare l'efficacia, il chatbot dovrebbe essere integrato con i sistemi aziendali esistenti, come CRM (Customer Relationship Management), sistemi di gestione ordini e database di conoscenza. Questo permette al chatbot di accedere a informazioni pertinenti in tempo reale, fornendo risposte personalizzate basate sul contesto specifico di ogni cliente, migliorando così la qualità del servizio offerto.

Fase 4: Test e Ottimizzazione

Prima del lancio ufficiale, è cruciale testare il chatbot in vari scenari per assicurarsi che le risposte siano accurate e che l'interfaccia utente sia intuitiva. Questo può includere test interni e feedback da un gruppo di utenti beta. Sulla base dei risultati dei test, il chatbot può essere ulteriormente ottimizzato per migliorare le prestazioni e l'esperienza dell'utente.

Fase 5: Implementazione e Monitoraggio Continuo

Dopo il lancio, è importante monitorare continuamente le prestazioni del chatbot, raccogliendo feedback dagli utenti e analizzando i dati di interazione. Questo permette di identificare aree di miglioramento, aggiornare le risposte in base alle nuove informazioni o alle modifiche dei prodotti/servizi, e affinare continuamente l'esperienza complessiva del cliente.

Fase 6: Formazione del Personale

Sebbene ChatGPT possa gestire un'ampia gamma di richieste dei clienti, ci saranno casi in cui l'intervento umano è preferibile o necessario. Pertanto, è importante formare il personale su come intervenire efficacemente quando il chatbot passa una conversazione, assicurando una transizione fluida e mantenendo elevati standard di servizio al cliente.

Fase 7: Evoluzione e Scalabilità

Infine, considera il chatbot un servizio in evoluzione. Man mano che l'azienda cresce e le esigenze dei clienti cambiano, il chatbot dovrebbe essere aggiornato e adattato per soddisfare queste nuove esigenze. L'agilità nel rispondere ai cambiamenti e l'abilità di scalare il servizio in base alla domanda sono essenziali per mantenere un'assistenza clienti di alta qualità nel tempo.

Implementando ChatGPT in chatbot per il servizio clienti, le aziende possono non solo migliorare significativamente l'efficienza e la qualità del loro supportoma anche ridefinire l'esperienza complessiva del cliente, trasformando ogni interazione in un'opportunità per costruire fiducia, soddisfazione e lealtà. La chiave per un successo duraturo risiede non solo nell'implementazione tecnologica iniziale ma nel continuo impegno verso l'ottimizzazione e l'adattamento del sistema per rispecchiare l'evoluzione delle aspettative dei clienti e delle dinamiche di mercato.

Espansione della Copertura del Servizio

Con ChatGPT, le aziende possono espandere la copertura del loro servizio clienti per raggiungere mercati globali, offrendo supporto in diverse lingue e fuse orari senza incrementi significativi dei costi. Questo approccio non solo migliora l'accessibilità del servizio ma apre anche nuove opportunità di mercato, rendendo il brand più inclusivo e capace di soddisfare un pubblico più ampio e diversificato.

Personalizzazione Dinamica

ChatGPT può analizzare in tempo reale i dati degli utenti per offrire un servizio altamente personalizzato, adattando le risposte e le soluzioni proposte alle specifiche esigenze e preferenze di ogni cliente. Questa personalizzazione dinamica eleva l'esperienza utente, facendo sentire ogni cliente unico e valorizzato, il che è fondamentale per costruire relazioni positive a lungo termine con il marchio.

Integrazione di Feedback Loop

Incorporando meccanismi di feedback direttamente nel chatbot, le aziende possono facilmente raccogliere preziose informazioni dall'interazione dei clienti con ChatGPT. Questi dati possono essere utilizzati per migliorare continuamente la qualità del servizio, identificare nuove opportunità di miglioramento dei prodotti o servizi e ottimizzare la strategia di engagement del cliente. Un feedback loop ben strutturato assicura che il servizio clienti rimanga sempre allineato con le aspettative dei consumatori.

Garanzia della Sicurezza e della Privacy

Nell'implementare ChatGPT nei sistemi di servizio clienti, le aziende devono prestare attenzione alla sicurezza dei dati e alla privacy degli utenti. Assicurando che tutte le interazioni siano crittografate e che i dati vengano gestiti in conformità con le normative sulla privacy, come il GDPR, le aziende possono rafforzare la fiducia dei clienti nel loro utilizzo dei chatbot, garantendo al contempo la protezione delle informazioni sensibili.

Formazione Continua basata sull'AI

La capacità di apprendimento e adattamento di ChatGPT significa che può migliorare con il tempo, basandosi sulle interazioni passate per fornire risposte più accurate e pertinenti. Investire nella formazione continua del modello AI, incorporando regolarmente nuovi dati e feedback, permette di mantenere il chatbot aggiornato con le ultime informazioni e tendenze del settore, assicurando che il servizio clienti rimanga efficace e rilevante.

Valutazione dell'Impatto sul Personale

Mentre ChatGPT può gestire un volume significativo di richieste dei clienti, è importante considerare l'impatto della sua implementazione sul personale di supporto. Fornendo formazione adeguata e riallocando risorse verso compiti ad alto valore aggiunto che richiedono un tocco umano, le aziende possono assicurare che la transizione verso un maggiore uso dell'AI nel servizio clienti sia positiva sia per i dipendenti che per i clienti.

Sostenibilità a Lungo Termine

Infine, garantire la sostenibilità a lungo termine dell'implementazione di ChatGPT richiede un impegno costante verso l'innovazione, l'aggiornamento tecnologico e la revisione delle strategie in base alle performance e al feedback. Monitorando attentamente l'efficacia del chatbot e adattandosi alle mutevoli esigenze del mercato e dei clienti, le aziende possono utilizzare ChatGPT non solo per rispondere alle attuali aspettative dei consumatori ma anche per anticipare e plasmare le future tendenze del servizio clienti.

Attraverso questi passaggi e considerazioni, l'implementazione di ChatGPT nei chatbot per il servizio clienti si evolve da una soluzione temporanea a una componente integrante della strategia di assistenza al cliente a lungo termine. Questo processo non solo migliora l'efficienza operativa ma arricchisce anche l'esperienza complessiva del cliente, stabilendo un nuovo standard per il servizio clienti nell'era digitale.

Avanzamento Verso l'Autonomia Completa

Man mano che ChatGPT e le tecnologie AI continuano a maturare, l'obiettivo a lungo termine per molti sarà quello di muoversi verso sistemi di servizio clienti completamente autonomi capaci di gestire una gamma ancora più ampia di richieste e compiti. Questo implica lo sviluppo di chatbot che non solo rispondono a domande e problemi comuni ma sono anche capaci di compiere azioni complesse, come modificare ordini, risolvere problemi tecnici specifici o persino fornire consulenza personalizzata, con minimo o nessun intervento umano.

Integrazione Olistica nel Customer Journey

L'integrazione di ChatGPT nel servizio clienti diventerà sempre più olistica, coprendo ogni aspetto del customer journey, dalla scoperta e considerazione iniziali fino all'acquisto e oltre. Questo significa non solo rispondere alle richieste dei clienti ma anticipare attivamente le loro esigenze, offrendo suggerimenti, promemoria e assistenza proattiva in ogni fase del loro percorso con il brand. Un tale approccio non solo migliora la soddisfazione del cliente ma rafforza anche la fedeltà e il valore a lungo termine del cliente per l'azienda.

Ampliamento dell'Apprendimento e della Personalizzazione

L'apprendimento automatico e i modelli di personalizzazione diventeranno sempre più sofisticati, permettendo a ChatGPT di offrire un servizio altamente personalizzato basato sui dati comportamentali dei clienti, le loro preferenze e la storia delle interazioni. Questo livello di personalizzazione su misura potrà aumentare notevolmente l'engagement del cliente, rendendo ogni interazione con il chatbot un'esperienza unica e personalmente rilevante.

Supporto alla Decisione Basato sull'AI

ChatGPT potrebbe essere ulteriormente integrato con sistemi di supporto alla decisione basati sull'AI, fornendo ai clienti consigli basati su analisi complesse in tempo reale. Che si tratti di scegliere il prodotto migliore per le loro esigenze, di navigare in opzioni di servizio complesse o di prendere decisioni informate basate su dati finanziari, ChatGPT potrà guidare i clienti attraverso processi decisionali complessi con facilità e precisione.

Promozione dell'Inclusività e dell'Accessibilità

L'implementazione futura di ChatGPT nei servizi clienti darà anche grande importanza all'inclusività e all'accessibilità, garantendo che i chatbot siano facilmente utilizzabili da tutti i clienti, inclusi quelli con disabilità. Questo potrebbe includere l'ottimizzazione dei chatbot per tecnologie assistive, l'uso di un linguaggio semplice e chiaro e la fornitura di opzioni alternative di comunicazione per soddisfare una varietà di esigenze e preferenze.

Consolidamento dell'Etica e della Privacy

Man mano che ChatGPT diventa un componente sempre più critico del servizio clienti, l'attenzione all'etica e alla privacy sarà di vitale importanza. Le aziende dovranno garantire che i chatbot siano progettati e implementati con una forte considerazione per la privacy dei dati dei clienti e l'etica dell'IA, stabilendo una fiducia fondamentale tra i consumatori e il brand. Questo include il trasparente trattamento dei dati, la sicurezza robusta e la chiara comunicazione su come vengono utilizzate le informazioni dei clienti.

Adattamento Dinamico ai Cambiamenti del Mercato

Infine, l'adattabilità sarà cruciale per il successo a lungo termine di ChatGPT nel servizio clienti. Le aziende dovranno essere agili, pronte ad adattare le loro implementazioni di ChatGPT ai rapidi cambiamenti tecnologici, alle evoluzioni nelle aspettative dei consumatori e alle nuove normative sulla privacy e sull'IA. Mantenere i sistemi di chatbot aggiornati con le ultime capacità di comprensione e generazione del linguaggio naturale assicurerà che continuino a fornire risposte pertinenti e contestualmente appropriate, indipendentemente da come cambiano nel tempo le tendenze di mercato o i regolamenti.

Integrare Feedback in Tempo Reale per l'Apprendimento Continuo

La capacità di integrare feedback in tempo reale diventerà una componente chiave del successo di ChatGPT nei servizi ai clienti. Utilizzando le informazioni raccolte dalle interazioni con gli utenti, i sistemi basati su ChatGPT possono migliorare continuamente, affinando le loro risposte e apprendendo da eventuali errori. Questo processo di apprendimento continuo non solo migliora l'accuratezza e la rilevanza delle interazioni con i clienti ma contribuisce anche a creare una base di conoscenza più ricca che può essere sfruttata per offrire un servizio ancora migliore in futuro.

Sfruttare l'Analisi Predittiva per Anticipare le Esigenze dei Clienti

Col tempo, l'uso di ChatGPT nel servizio clienti si arricchirà ulteriormente grazie all'integrazione con l'analisi predittiva. Prevedendo le domande o i problemi dei clienti prima che si verifichino, i chatbot potranno offrire soluzioni proattive, migliorando significativamente l'esperienza del cliente. Questo tipo di servizio anticipatorio non solo aumenta la soddisfazione del cliente ma può anche tradursi in una maggiore efficienza operativa, riducendo il volume di richieste di supporto reattivo.

Personalizzazione Ultra-specifica

La personalizzazione diventerà ancora più sofisticata, con ChatGPT in grado di offrire esperienze ultra-specifiche a ciascun cliente basate su un'analisi dettagliata del loro comportamento passato, delle preferenze e persino del tono emotivo delle loro richieste. Questa ultra-personalizzazione garantirà che ogni interazione non solo soddisfi le esigenze immediate del cliente ma rafforzi anche la loro relazione a lungo termine con il brand, promuovendo una lealtà profonda e duratura.

Collaborazione Umano-AI

La collaborazione tra l'intelligenza artificiale e gli operatori umani diventerà più fluida e integrata. Gli agenti del servizio clienti potranno sfruttare ChatGPT come strumento di supporto per fornire risposte rapide e accurate, utilizzando il tempo risparmiato per concentrarsi su interazioni che richiedono empatia, giudizio e soluzioni creative - aree in cui gli esseri umani eccellono. Questa sinergia tra AI e umani nel servizio clienti non solo migliorerà l'efficienza ma eleverà anche la qualità dell'assistenza fornita.

Espansione in Nuovi Canali e Piattaforme

Man mano che emergono nuovi canali di comunicazione e piattaforme digitali, l'implementazione di ChatGPT si espanderà per includere questi nuovi touchpoint, garantendo che i clienti possano ricevere assistenza coerente e di alta qualità, indipendentemente da come scelgono di interagire con il brand. L'adattabilità di ChatGPT a vari formati e ambienti di comunicazione lo rende uno strumento ideale per questa espansione, consentendo alle aziende di rimanere al passo con le abitudini in rapida evoluzione dei consumatori.

Miglioramento Continuo Basato sui Valori Aziendali

Infine, l'evoluzione di ChatGPT nei servizi clienti sarà sempre guidata da un impegno verso i valori fondamentali dell'azienda, inclusa l'etica, la trasparenza e il rispetto per la privacy dei clienti. Man mano che ChatGPT diventa più integrato nei processi aziendali, le organizzazioni dovranno garantire che queste tecnologie riflettano e promuovano i loro valori fondamentali, creando non solo esperienze clienti eccezionali ma facendo anche avanzare una visione aziendale etica e sostenibile. L'attenzione costante all'allineamento delle capacità di ChatGPT con gli standard etici e le aspettative dei clienti assicurerà che l'adozione dell'AI nel servizio clienti non solo rispetti i principi dell'azienda ma contribuisca anche a costruire fiducia e trasparenza con il pubblico.

Espansione delle Competenze di ChatGPT

Nel tempo, le competenze di ChatGPT nel servizio clienti diventeranno ancora più sofisticate, con la capacità di gestire non solo una gamma più ampia di richieste di servizio ma anche di eseguire compiti più complessi, come la gestione delle transazioni o l'assistenza nelle decisioni di acquisto. Questo livello di competenza non solo libererà ulteriormente il personale per concentrarsi su compiti ad alto valore ma anche arricchirà l'esperienza del cliente, rendendo il servizio più fluido e integrato nella loro interazione con il brand.

Intelligenza Emotiva Artificiale

Un altro sviluppo futuro potrebbe vedere ChatGPT dotato di una forma di intelligenza emotiva artificiale, permettendogli di riconoscere e rispondere in modo appropriato ai toni emotivi e alle sottigliezze nelle richieste dei clienti. Questa capacità di "leggere tra le righe" e adattare le risposte non solo a ciò che viene chiesto esplicitamente ma anche al contesto emotivo sottostante potrebbe rivoluzionare ulteriormente l'assistenza clienti, offrendo un livello di empatia e comprensione precedentemente possibile solo nelle interazioni umane.

Sostenibilità e Riduzione dell'Impatto Ambientale

L'efficienza operativa migliorata e la riduzione della necessità di intervento umano diretto, risultanti dall'implementazione di ChatGPT nel servizio clienti, contribuiranno anche agli obiettivi di sostenibilità aziendale. Minimizzando il consumo di risorse e ottimizzando i processi, le aziende possono ridurre il loro impatto ambientale complessivo, allineandosi con gli obiettivi globali di sostenibilità e responsabilità sociale.

Integrazione con l'IoT e altri Dispositivi Intelligenti

Man mano che il mondo diventa sempre più connesso, ChatGPT potrebbe integrarsi con l'Internet delle cose (IoT) e altri dispositivi intelligenti per offrire un livello ancora più elevato di assistenza al cliente. Questo potrebbe includere la diagnosi remota e la risoluzione dei problemi per i prodotti smart, o l'interazione diretta con gli elettrodomestici degli utenti per facilitare l'assistenza clienti, apportando un nuovo livello di comodità e integrazione tecnologica.

Promozione dell'Inclusione Digitale

Infine, l'evoluzione di ChatGPT nel servizio clienti dovrebbe anche concentrarsi sulla promozione dell'inclusione digitale, assicurando che le tecnologie di assistenza siano accessibili a tutti, indipendentemente dall'età, dalla posizione geografica o dalle capacità fisiche. L'obiettivo è garantire che ogni cliente possa beneficiare dell'assistenza rapida e personalizzata che ChatGPT può offrire, contribuendo a eliminare le barriere digitali e promuovere un accesso equo ai servizi.

Mentre proseguiamo nella trasformazione digitale, l'implementazione di ChatGPT e tecnologie simili nel servizio clienti non rappresenta solo un miglioramento dell'efficienza operativa; è anche un passo verso la creazione di un futuro in cui la tecnologia migliora in modo sostanziale e tangibile le interazioni quotidiane tra aziende e consumatori, guidando verso un servizio clienti più empatico, inclusivo e personalizzato.

In conclusione, l'implementazione di ChatGPT nei chatbot per il servizio clienti segna un punto di svolta nella capacità delle aziende di offrire assistenza immediata, personalizzata e scalabile. L'adozione di questa tecnologia AI non solo ottimizza le operazioni del servizio clienti, riducendo i tempi di attesa e alleggerendo il carico di lavoro del personale, ma eleva anche l'esperienza complessiva del cliente, fornendo risposte rapide, accurate e contestualmente rilevanti a qualsiasi ora del giorno.

L'evoluzione futura di ChatGPT nel servizio clienti promette di portare ulteriori innovazioni, dall'integrazione con l'Internet delle cose (IoT) alla capacità di riconoscere e rispondere ai toni emotivi. Questi sviluppi non solo miglioreranno l'efficienza e l'efficacia del servizio clienti ma contribuiranno anche a costruire relazioni più forti e significative tra i brand e i loro clienti, basate sulla fiducia, sulla comprensione e su un servizio eccezionale.

Implementare ChatGPT nel servizio clienti significa anche affrontare sfide importanti, come garantire la privacy e la sicurezza dei dati, mantenere un equilibrio tra risposte automatizzate e l'empatia umana, e assicurare che la tecnologia sia utilizzata in modo etico e responsabile. Tuttavia, affrontando proattivamente queste sfide e impegnandosi in un'evoluzione continua del sistema in linea con i valori aziendali e le aspettative dei clienti, le aziende possono sfruttare ChatGPT per trasformare il loro servizio clienti in un potente vantaggio competitivo.

In ultima analisi, l'implementazione di ChatGPT nei servizi ai clienti non è solo una questione di tecnologia; è una strategia complessiva per migliorare l'interazione umana, promuovere l'innovazione e guidare il successo aziendale nel lungo termine. Attraverso l'adozione di questa tecnologia avanzata, le aziende non solo soddisfano le esigenze attuali dei loro clienti ma si posizionano anche per anticipare e superare le aspettative future, definendo il futuro del servizio clienti in un mondo sempre più digitale e connesso.

8. Analisi dei Dati e Insight: Utilizzo di ChatGPT per analizzare grandi quantità di dati, estrarre insight utili e supportare la presa di decisioni basata sui dati.

L'utilizzo di ChatGPT per l'analisi dei dati e l'estrazione di insight rappresenta un avanzamento significativo nella capacità delle organizzazioni di comprendere e agire su vasti volumi di informazioni. Grazie alla sua potente capacità di elaborazione del linguaggio naturale e di apprendimento automatico, ChatGPT può assistere nell'interpretazione di dati complessi, semplificando la comprensione di tendenze, modelli e correlazioni che altrimenti potrebbero rimanere nascosti. Ecco come ChatGPT può essere impiegato per potenziare l'analisi dei dati e il supporto decisionale:

Estrazione di Insight da Dati Non Strutturati

Molte organizzazioni dispongono di enormi quantità di dati non strutturati, come feedback dei clienti, recensioni online, post sui social media, e documenti interni. ChatGPT può analizzare questi dati, estrarre sentimenti, opinioni, e tendenze rilevanti, e sintetizzarli in insight comprensibili. Questo aiuta le aziende a comprendere meglio le percezioni dei clienti, le reazioni del mercato e le aree di miglioramento potenziale.

Supporto nella Pianificazione Strategica

L'analisi dei dati svolta con l'aiuto di ChatGPT può fornire basi solide per la pianificazione strategica. Identificando tendenze emergenti nei dati di vendita, comportamenti dei consumatori, o performance di marketing, ChatGPT può generare raccomandazioni strategiche informate dai dati. Questi insight possono guidare lo sviluppo di nuovi prodotti, l'ottimizzazione delle strategie di marketing e la personalizzazione dell'esperienza del cliente.

Ottimizzazione delle Operazioni Aziendali

ChatGPT può analizzare dati operativi per identificare inefficienze, colli di bottiglia e opportunità di risparmio. Ad esempio, esaminando i dati di logistica, produzione o supply chain, può suggerire modi per migliorare i processi, ridurre i costi e aumentare l'efficienza operativa. Questo tipo di analisi basata sui dati supporta le decisioni operative critiche che possono avere un impatto diretto sul bottom line dell'azienda.

Previsione e Analisi Predittiva

Utilizzando modelli di apprendimento automatico, ChatGPT può contribuire all'analisi predittiva, prevedendo tendenze future basate su dati storici. Questo può variare dalla previsione della domanda di prodotto alla previsione delle fluttuazioni del mercato o al comportamento dei clienti. Avere una visione anticipata di queste tendenze permette alle aziende di essere proattive, piuttosto che reattive, nelle loro strategie.

Miglioramento del Processo Decisionale

Con ChatGPT, le decisioni basate sui dati diventano più accessibili. Trasformando analisi complesse e report dettagliati in risposte e raccomandazioni comprensibili, ChatGPT assicura che i decisori possano agire rapidamente e con fiducia, basandosi su insight affidabili. Questo può essere particolarmente prezioso in ambienti aziendali ad alta velocità dove il tempo è critico.

Personalizzazione del Servizio Clienti

L'analisi dei dati del cliente con ChatGPT può rivelare insight profondi sulle preferenze e comportamenti dei singoli clienti, permettendo alle aziende di personalizzare le comunicazioni, le offerte e i servizi. Questa personalizzazione può migliorare significativamente l'engagement del cliente e la fedeltà al brand, traducendosi in un vantaggio competitivo nel mercato.

Formazione e Sviluppo Basati sui Dati

ChatGPT può essere utilizzato per analizzare i dati di performance dei dipendenti e i risultati dei programmi di formazione, fornendo raccomandazioni su come migliorare le strategie di sviluppo del personale. Questo approccio basato sui dati alla formazione e allo sviluppo assicura che le risorse vengano investite efficacemente, massimizzando il ROI della formazione e promuovendo una cultura di apprendimento continuo.

In conclusione, l'impiego di ChatGPT nell'analisi dei dati e nell'estrazione di insight offre alle organizzazioni la possibilità di navigare attraverso il mare di dati a loro disposizione in modo più efficace ed efficiente. Facilitando la comprensione dei pattern nascosti e delle tendenze emergenti, ChatGPT consente alle aziende di prendere decisioni informate, basate su un solido fondamento di dati analitici. Questo non solo migliora la precisione delle decisioni strategiche ma apre anche la strada a nuove opportunità di innovazione e crescita.

Rilevamento Proattivo delle Opportunità di Mercato

Attraverso l'analisi avanzata dei dati, ChatGPT può aiutare le aziende a rilevare proattivamente le opportunità di mercato prima che diventino evidenti per i concorrenti. Identificando le tendenze emergenti nei comportamenti dei consumatori o nelle dinamiche di mercato, le aziende possono sviluppare prodotti, servizi o campagne marketing che colpiscono il pubblico nel momento giusto, massimizzando l'impatto e il ritorno sull'investimento.

Sviluppo di Prodotti Basati sui Dati

L'utilizzo di ChatGPT per analizzare feedback, recensioni dei clienti e dati di utilizzo può fornire insight preziosi che guidano lo sviluppo di prodotti. Questo approccio centrato sui dati assicura che le nuove offerte o le modifiche ai prodotti esistenti siano strettamente allineate con le esigenze e i desideri dei clienti, aumentando la probabilità di successo sul mercato.

Miglioramento Continuo dei Processi

ChatGPT può analizzare continuamente i flussi di dati operativi per identificare opportunità di miglioramento dei processi. Questo monitoraggio costante permette di implementare miglioramenti incrementali che, nel tempo, possono tradursi in significativi guadagni di efficienza e riduzioni dei costi, contribuendo a una maggiore agilità e competitività aziendale.

Gestione del Rischio Basata sui Dati

L'analisi dei dati con ChatGPT può rivelare non solo opportunità ma anche potenziali rischi. Che si tratti di identificare vulnerabilità nel supply chain, prevedere fluttuazioni nel mercato finanziario o monitorare la reputazione online, ChatGPT può aiutare le aziende a gestire proattivamente i rischi, sviluppando strategie per mitigarli prima che possano avere un impatto negativo sul business.

Personalizzazione dell'Esperienza dei Dipendenti

Allo stesso modo in cui ChatGPT può personalizzare l'esperienza dei clienti, può anche essere utilizzato per analizzare i dati relativi ai dipendenti per creare un ambiente di lavoro più coinvolgente e produttivo. Dall'identificazione dei percorsi di carriera ottimali alla personalizzazione dei programmi di formazione, ChatGPT può aiutare a sviluppare una forza lavoro più motivata e efficace.

Creazione di Dashboard Intuitive e Interattive

ChatGPT può essere integrato in strumenti di visualizzazione dei dati per creare dashboard intuitive e interattive che rendono l'analisi dei dati accessibile a un pubblico più ampio all'interno dell'organizzazione. Questo democratizza l'accesso ai dati, permettendo a più team di trarre insight e prendere decisioni informate, indipendentemente dalla loro esperienza tecnica.

Accelerazione della Ricerca e Sviluppo

Infine, ChatGPT può accelerare i processi di ricerca e sviluppo analizzando vasti set di dati scientifici e tecnologici per identificare tendenze emergenti, nuovi materiali o tecnologie e potenziali aree di innovazione. Questo consente alle aziende di rimanere all'avanguardia nel loro campo, sfruttando le ultime scoperte per sviluppare soluzioni all'avanguardia.

In conclusione, l'integrazione di ChatGPT nell'analisi dei dati e nella generazione di insight rappresenta un potente leva per le aziende che cercano di navigare nell'era dell'informazione con maggiore agilità e precisione. Fornendo alle aziende gli strumenti per estrarre valore da grandi quantità di dati, ChatGPT non solo supporta la presa di decisioni basata sui dati ma apre anche nuove strade per l'innovazione, la personalizzazione e l'efficienza operativa. Man mano che le organizzazioni si abituano a integrare questa tecnologia nei loro flussi di lavoro, diventerà un componente indispensabile della strategia aziendale, spingendo verso una comprensione più profonda dei mercati, dei clienti e delle proprie operazioni interne.

Espansione dell'Intelligenza Competitiva

L'uso di ChatGPT per analizzare i dati non si limita alla comprensione interna; può estendersi all'intelligenza competitiva. Analizzando i dati disponibili pubblicamente sui concorrenti, come rapporti finanziari, annunci di prodotti, e feedback dei clienti sui social media, ChatGPT può fornire una visione dettagliata delle strategie dei concorrenti, dei loro punti di forza e di debolezza, e delle potenziali opportunità di mercato non sfruttate. Questo tipo di analisi approfondita supporta lo sviluppo di strategie competitive più informate e mirate.

Sviluppo di Prodotto Data-Driven

L'approfondimento dei dati cliente e di mercato tramite ChatGPT non solo informa sullo sviluppo di nuovi prodotti ma può anche guidare l'iterazione continua dei prodotti esistenti. Analizzando i dati di utilizzo dei prodotti, le recensioni e i feedback dei clienti in tempo reale, le aziende possono adattare rapidamente i loro prodotti per soddisfare meglio le esigenze in evoluzione dei clienti, promuovendo un ciclo di miglioramento del prodotto che è sia reattivo che proattivo.

Ottimizzazione della Supply Chain

L'integrazione di ChatGPT nell'analisi della supply chain può rivelare insight preziosi per ottimizzare la logistica, la produzione e la distribuzione. Prevedendo i ritardi, identificando i rischi di interruzione e suggerendo percorsi alternativi o fornitori, ChatGPT può aiutare a costruire catene di approvvigionamento più resilienti e efficienti, riducendo i costi e migliorando il tempo di consegna al cliente.

Miglioramento del Coinvolgimento dei Stakeholder

ChatGPT può anche essere utilizzato per analizzare i dati relativi agli stakeholder, compresi i dipendenti, i partner e i fornitori, offrendo insight su come migliorare l'engagement e la collaborazione. Questo può portare a partnership più forti, una maggiore soddisfazione dei dipendenti e una catena di valore ottimizzata, tutti fattori che contribuiscono al successo a lungo termine dell'azienda.

Creazione di Un Ecosistema di Dati Integrato

Con l'evoluzione dell'uso di ChatGPT, le aziende saranno incoraggiate a creare un ecosistema di dati integrato, dove le informazioni da diverse fonti vengono aggregate, analizzate e utilizzate in modo olistico. Questo non solo migliora l'accuratezza degli insight generati ma promuove anche un approccio più collaborativo alla gestione dei dati, condividendo le conoscenze in tutta l'organizzazione per guidare l'innovazione e il miglioramento continuo.

Promozione della Cultura Basata sui Dati

Infine, l'integrazione di ChatGPT nell'analisi dei dati e nella generazione di insight può contribuire a promuovere una cultura aziendale basata sui dati. Facilitando l'accesso agli insight basati sui dati e rendendoli comprensibili e azionabili per vari team, ChatGPT aiuta a sottolineare il valore dei dati nella strategia aziendale e nel processo decisionale, incoraggiando tutti nell'organizzazione a adottare un approccio guidato dai dati nelle loro attività quotidiane.

Attraverso l'adozione e l'integrazione di ChatGPT in queste aree, le aziende possono sfruttare il potere dei loro dati come mai prima d'ora, trasformando l'informazione in azione in modo più efficiente, efficace e strategicamente significativo. Questo non solo porta a decisioni più informate e risultati aziendali migliori ma segna anche il passaggio verso un futuro in cui l'intelligenza artificiale e l'analisi dei dati sono al centro dell'innovazione e della crescita aziendale.

9. ChatGPT e E-commerce: Migliorare l'esperienza di acquisto online con chatbot intelligenti, descrizioni di prodotti personalizzate e supporto post-vendita.

L'integrazione di ChatGPT nell'e-commerce apre una nuova era per l'esperienza di acquisto online, rendendola più interattiva, personalizzata e soddisfacente per i consumatori. Attraverso l'uso di chatbot intelligenti, la creazione di descrizioni di prodotti su misura e la fornitura di supporto post-vendita efficace, ChatGPT può trasformare il modo in cui i clienti interagiscono con i marchi online. Ecco come può essere realizzato:

Chatbot Intelligenti per l'Assistenza Clienti

I chatbot alimentati da ChatGPT possono offrire assistenza clienti immediata e 24/7, rispondendo a domande frequenti, aiutando con il processo di checkout, e fornendo consigli personalizzati. Questo non solo migliora l'efficienza del servizio clienti ma riduce anche il carico sul personale, permettendo loro di concentrarsi su richieste più complesse. Inoltre, i chatbot possono guidare i clienti attraverso il processo di acquisto, aumentando la conversione e riducendo il tasso di abbandono del carrello.

Descrizioni di Prodotti Personalizzate

ChatGPT può generare descrizioni di prodotti dinamiche e personalizzate basate sul comportamento di navigazione e sulle preferenze dei clienti. Questo approccio non solo rende l'esperienza di shopping più pertinente e coinvolgente per il singolo cliente ma può anche migliorare il posizionamento SEO del sito e-commerce, attirando più traffico qualificato. Le descrizioni possono essere ottimizzate per rispondere direttamente alle domande comuni dei clienti, fornendo tutte le informazioni necessarie per guidare la decisione di acquisto.

Supporto Post-Vendita Proattivo

L'assistenza post-vendita è cruciale per mantenere elevata la soddisfazione del cliente e promuovere la fedeltà al marchio. ChatGPT può automatizzare il follow-up post-acquisto, inviando e-mail di ringraziamento personalizzate, sondaggi di soddisfazione del cliente, e offerte di prodotti complementari basate sui precedenti acquisti. In caso di problemi o domande, i chatbot possono offrire soluzioni immediate o inoltrare il cliente al personale di supporto, garantendo che ogni problema venga risolto rapidamente e in modo soddisfacente.

Analisi del Feedback dei Clienti

Utilizzando ChatGPT per analizzare il feedback dei clienti sui prodotti e sul servizio, gli e-commerce possono ottenere preziosi insight su cosa funziona bene e quali aree necessitano di miglioramenti. Questo feedback può guidare l'ottimizzazione dell'assortimento di prodotti, le strategie di marketing e lo sviluppo del sito web, assicurando che l'offerta sia sempre allineata con le esigenze e le aspettative dei clienti.

Gestione Personalizzata dell'Inventario

ChatGPT può analizzare i pattern di acquisto e le tendenze di navigazione per prevedere la domanda di prodotti specifici, aiutando le aziende a ottimizzare i livelli di inventario e a prevenire situazioni di overstock o stockout. Questo tipo di gestione dell'inventario basata sui dati non solo migliora l'efficienza operativa ma garantisce anche che i clienti trovino sempre gli articoli che cercano disponibili, migliorando l'esperienza di acquisto complessiva.

Interazione Multicanale Coerente

Integrando ChatGPT attraverso tutti i canali di e-commerce, dalle pagine dei prodotti ai social media e alle app mobili, i marchi possono offrire un'esperienza cliente coesa e personalizzata, indipendentemente da come e dove i clienti scelgono di interagire con loro. Questa coerenza rafforza il riconoscimento del brand e costruisce fiducia, due elementi chiave per il successo nell'e-commerce.

Promozioni Dinamiche e Personalizzate

Sfruttando l'analisi dei dati del cliente, ChatGPT può aiutare a creare promozioni e sconti personalizzati che risuonano con i singoli clienti o segmenti di clienti. Questo approccio targetizzato non solo aumenta l'efficacia delle campagne promozionali ma migliora anche l'engagement dei clienti, incentivandoli a ritornare e fare acquisti ripetuti. Le promozioni possono essere adattate in base al comportamento di navigazione, alla cronologia degli acquisti, e anche al feedback post-acquisto, assicurando che le offerte siano il più pertinenti e attraenti possibile.

Ottimizzazione Continua dell'Esperienza Utente

L'uso di ChatGPT permette un'analisi dettagliata del comportamento degli utenti sul sito e-commerce, identificando punti di forza e aree di miglioramento nell'interfaccia utente e nel percorso di acquisto. Questo tipo di insight può guidare revisioni e aggiornamenti continui del sito, con l'obiettivo di semplificare il processo di acquisto, migliorare la navigabilità e ridurre i tassi di abbandono del carrello. Gli aggiornamenti possono essere testati e ottimizzati in tempo reale, assicurando che il sito si evolva costantemente per soddisfare le aspettative dei clienti.

Assistenza in Tempo Reale per Aumentare le Conversioni

ChatGPT può essere implementato per offrire assistenza in tempo reale ai visitatori del sito, aiutandoli a superare eventuali dubbi o incertezze che potrebbero impedire la conversione. Che si tratti di rispondere a domande sui prodotti, offrire consigli personalizzati o assistere con il processo di checkout, la disponibilità di assistenza immediata può fare la differenza nel convincere un cliente esitante a completare l'acquisto.

Utilizzo dei Dati per una Migliore Segmentazione del Cliente

L'analisi dei dati raccolti tramite interazioni con ChatGPT può aiutare a sviluppare una comprensione più profonda dei diversi segmenti di clienti, permettendo di personalizzare ulteriormente l'approccio di marketing e vendita. Questa segmentazione avanzata consente di creare messaggi, offerte e esperienze di acquisto su misura che rispondono specificamente alle preferenze e alle esigenze di diversi gruppi di clienti, aumentando l'efficacia delle strategie di e-commerce.

Creazione di Contenuti Dinamici e Interattivi

ChatGPT può essere utilizzato per generare contenuti dinamici e interattivi che arricchiscono l'esperienza di acquisto online. Dalle FAQ interattive ai tutorial sui prodotti e alle guide agli acquisti basate sulle preferenze degli utenti, i contenuti generati da ChatGPT possono aumentare l'engagement e fornire valore aggiunto ai clienti, rendendo il sito e-commerce una risorsa affidabile e informativa.

Supporto alla Loyalty e ai Programmi Fedeltà

Infine, ChatGPT può svolgere un ruolo chiave nel rafforzare i programmi di loyalty e fedeltà, comunicando le vantaggi e le opportunità offerte ai clienti più fedeli, gestendo le ricompense e incentivando la partecipazione attraverso interazioni personalizzate. Questo non solo incoraggia i clienti a continuare a fare acquisti ma costruisce anche una relazione più profonda e significativa tra il cliente e il brand.

L'integrazione di ChatGPT nell'e-commerce non è solo una questione di migliorare l'efficienza operativa; si tratta di trasformare l'intera esperienza di acquisto online, rendendola più personale, coinvolgente e soddisfacente per il cliente. Man mano che questa tecnologia continua a evolversi, così farà la sua capacità di rivoluzionare il modo in cui i marchi interagiscono con i loro clienti, promettendo un futuro di e-commerce guidato dall'intelligenza artificiale, dove ogni aspetto dell'esperienza di acquisto è ottimizzato per soddisfare e superare le aspettative dei consumatori.

Analisi Predictiva per la Gestione delle Scorte

L'applicazione di ChatGPT nell'analisi predictiva può rivoluzionare la gestione delle scorte negli e-commerce. Attraverso l'analisi dei dati di vendita, delle tendenze stagionali e delle previsioni di mercato, ChatGPT può aiutare a prevedere la domanda futura dei prodotti, ottimizzando così le scorte. Questo riduce il rischio di sovrastoccaggio o esaurimento delle scorte, garantendo che i prodotti più richiesti siano sempre disponibili per i clienti, migliorando la soddisfazione del cliente e massimizzando i profitti.

Miglioramento dell'Onboarding dei Clienti

ChatGPT può semplificare e personalizzare l'esperienza di onboarding dei nuovi clienti su piattaforme e-commerce. Creando percorsi utente personalizzati che introducono funzionalità, vantaggi e offerte basate sulle preferenze e comportamenti iniziali, gli e-commerce possono aumentare l'engagement dei nuovi utenti fin dal primo contatto. Questo approccio guidato migliora la ritenzione dei clienti e aumenta le possibilità di conversioni ripetute.

Sviluppo di Raccomandazioni Basate sul Contesto

Utilizzando ChatGPT per analizzare il contesto delle sessioni di navigazione degli utenti, gli e-commerce possono offrire raccomandazioni di prodotti altamente personalizzate che riflettono non solo le preferenze passate ma anche l'intento attuale. Questa capacità di adattare le raccomandazioni in tempo reale al contesto di navigazione aumenta la rilevanza delle offerte per gli utenti, potenziando le vendite incrociate e la vendita suggerita in modo più efficace.

Assistenza Nella Gestione dei Resi

ChatGPT può automatizzare e semplificare il processo di gestione dei resi, fornendo ai clienti istruzioni chiare e assistenza passo dopo passo attraverso chatbot intelligenti. Questo non solo migliora l'esperienza del cliente, riducendo i possibili attriti legati ai resi, ma ottimizza anche le operazioni interne, permettendo una gestione dei resi più efficiente e organizzata.

Feedback in Tempo Reale e Ottimizzazione del Catalogo

Incorporando ChatGPT per raccogliere e analizzare feedback dei clienti in tempo reale, gli e-commerce possono guadagnare insight preziosi sulle percezioni e le esperienze dei clienti con il loro catalogo di prodotti. Questi dati possono essere utilizzati per apportare aggiustamenti rapidi al catalogo, migliorando descrizioni, immagini, e persino ottimizzando l'assortimento di prodotti per meglio soddisfare le esigenze del mercato.

Potenziamento delle Campagne di Marketing

ChatGPT può rivoluzionare le campagne di marketing degli e-commerce, generando contenuti pubblicitari creativi, personalizzando messaggi promozionali per diversi segmenti di clienti, e ottimizzando le strategie di email marketing basate sul comportamento degli utenti. La capacità di adattare dinamicamente le campagne in base all'interazione dei clienti porta a un coinvolgimento più profondo e a tassi di conversione superiori.

Creazione di Comunità Online

Gli e-commerce possono utilizzare ChatGPT per facilitare la creazione e il mantenimento di comunità online intorno ai loro brand. Fornendo una piattaforma per la discussione guidata da AI, la condivisione di consigli e l'assistenza tra utenti, ChatGPT può aiutare a costruire un senso di appartenenza e lealtà tra i clienti, trasformando un semplice sito e-commerce in un vivace ecosistema di brand.

Adattamento Agile ai Cambiamenti di Mercato

L'abilità di ChatGPT di analizzare rapidamente grandi set di dati lo rende uno strumento prezioso per gli e-commerce che necessitano di adattarsi rapidamente ai cambiamenti di mercato. Che si tratti di rispondere a nuove tendenze di consumo, di adattarsi a interruzioni della supply chain, o di capitalizzare eventi di mercato inaspettati, ChatGPT può fornire alle aziende gli insight di cui hanno bisogno per rimanere agili e reattive. Attraverso l'analisi in tempo reale, gli e-commerce possono rapidamente riorientare le loro strategie, ottimizzare le campagne pubblicitarie, adattare le offerte di prodotti e persino modificare i messaggi di marketing per rimanere in linea con le aspettative in continua evoluzione dei consumatori.

Integrazione con Realtà Aumentata (AR)

L'uso di ChatGPT può estendersi all'integrazione con tecnologie di realtà aumentata per offrire esperienze di acquisto online ancora più immersive. Per esempio, i chatbot potrebbero guidare i clienti nell'uso di funzionalità AR per "provare" i prodotti virtualmente prima dell'acquisto, fornendo consigli personalizzati e rispondendo alle domande in tempo reale mentre i clienti esplorano le opzioni di prodotto in un contesto aumentato.

Analisi Sentimentale dei Clienti

ChatGPT può essere impiegato per condurre analisi sentimentali approfondite sulle recensioni dei clienti, i commenti sui social media e le interazioni di chat. Questo permette agli e-commerce di cogliere il polso dell'opinione dei consumatori su larga scala, identificando non solo quali prodotti o servizi sono ben ricevuti, ma anche quali aspetti dell'esperienza di acquisto necessitano di miglioramenti. Utilizzando questi insight, gli e-commerce possono implementare cambiamenti mirati che aumentano la soddisfazione del cliente e rafforzano la lealtà al brand.

Personalizzazione dei Percorsi di Acquisto

Attraverso l'apprendimento dalle interazioni precedenti e i dati di navigazione, ChatGPT può personalizzare in modo dinamico i percorsi di acquisto per ogni visitatore del sito, suggerendo prodotti, offerte e contenuti basati sulle preferenze e sul comportamento individuale. Questa personalizzazione profonda non solo migliora l'esperienza di acquisto, aumentando le probabilità di conversione, ma crea anche un senso di cura e attenzione che può distinguere un e-commerce dai suoi concorrenti.

Supporto Multilingue

Per gli e-commerce che operano a livello globale, ChatGPT può offrire supporto cliente in diverse lingue, abbattendo le barriere linguistiche e rendendo l'esperienza di acquisto più accessibile a un pubblico internazionale. Questa capacità di comunicare e assistere i clienti nella loro lingua madre non solo migliora l'esperienza utente ma può anche aprire nuovi mercati e opportunità di crescita per l'e-commerce.

Generazione Automatica di FAQ

ChatGPT può essere utilizzato per generare e aggiornare dinamicamente le sezioni FAQ dei siti e-commerce, basandosi sulle domande comuni dei clienti e sui dati raccolti dalle interazioni con il chatbot. Questo assicura che le FAQ siano sempre pertinenti, complete e utili, riducendo la necessità per i clienti di cercare assistenza diretta e migliorando la loro capacità di autogestirsi.

Predizione del Valore del Cliente a Lungo Termine (CLV)

Implementando ChatGPT per analizzare i dati di acquisto e interazione dei clienti, gli e-commerce possono sviluppare modelli predittivi del valore del cliente a lungo termine (CLV). Questa conoscenza permette di ottimizzare le strategie di marketing e fidelizzazione, concentrando le risorse sui clienti più preziosi o su quelli con il maggior potenziale di crescita, massimizzando così il rendimento degli investimenti in marketing e customer relationship management (CRM).

L'adozione di ChatGPT nel dominio dell'e-commerce rappresenta un'avanzata significativa nella creazione di un'esperienza cliente ricca, personalizzata e soddisfacente. Mentre la tecnologia continua a evolversi, le sue applicazioni si espanderanno, offrendo nuove modalità per coinvolgere, comprendere e servire i clienti in modi che oggi possiamo solo immaginare, spingendo l'innovazione nell'e-commerce a nuove altezze.

In conclusione, l'integrazione di ChatGPT nel settore dell'e-commerce segna una rivoluzione nell'interazione tra i negozi online e i loro clienti, offrendo un livello di personalizzazione, efficienza e supporto senza precedenti. Attraverso l'uso di chatbot intelligenti, la generazione dinamica di descrizioni di prodotti personalizzate, e un robusto supporto post-vendita, ChatGPT non solo ottimizza l'esperienza di acquisto online ma stabilisce anche un nuovo standard per l'assistenza al cliente nell'era digitale.

L'impiego di ChatGPT per analizzare grandi quantità di dati consente agli e-commerce di estrarre insight preziosi, migliorando la comprensione del comportamento e delle preferenze dei consumatori. Questo approccio basato sui dati permette una personalizzazione avanzata dell'esperienza di acquisto, dalla navigazione del sito alle raccomandazioni di prodotti, rendendo ogni interazione con il cliente unica e mirata.

Inoltre, ChatGPT può automatizzare e semplificare processi complessi come la gestione dei resi e il feedback post-acquisto, aumentando l'efficienza operativa e garantendo che i clienti ricevano assistenza tempestiva e accurata. Questo non solo migliora la soddisfazione del cliente ma contribuisce anche a costruire relazioni durature e lealtà al brand.

La capacità di ChatGPT di fornire assistenza clienti multilingue apre nuove opportunità di mercato per gli e-commerce, rendendo i loro prodotti e servizi accessibili a una base di clienti globale. Questa espansione internazionale è fondamentale per la crescita e la scalabilità a lungo termine delle attività di e-commerce.

L'evoluzione continua di ChatGPT e delle tecnologie AI correlate promette ulteriori miglioramenti nell'esperienza di e-commerce, dalla realtà aumentata che arricchisce la visualizzazione dei prodotti alla predizione avanzata del comportamento dei consumatori. Man mano che queste tecnologie diventano più sofisticate, gli e-commerce possono aspettarsi di offrire esperienze di acquisto ancora più coinvolgenti, intuitive e soddisfacenti.

Infine, mentre gli e-commerce sfruttano ChatGPT per rivoluzionare l'esperienza di acquisto online, è fondamentale mantenere un equilibrio tra automazione e tocco umano. Assicurando che la tecnologia sia impiegata in modo etico, rispettoso della privacy e complementare all'intervento umano, gli e-commerce possono garantire che la tecnologia serva a migliorare, piuttosto che sostituire, le relazioni genuine con i clienti.

In definitiva, l'adozione di ChatGPT nell'e-commerce non rappresenta solo un passo avanti nella tecnologia; segna un cambiamento fondamentale nel modo in cui i negozi online operano, interagiscono con i clienti e si posizionano per il futuro. Con il suo vasto potenziale per personalizzare e migliorare ogni aspetto dell'esperienza di acquisto online, ChatGPT sta impostando una nuova era dell'e-commerce, caratterizzata da maggiore personalizzazione, efficienza e soddisfazione del cliente.

10. Personalizzazione e Marketing Targetizzato: Come ChatGPT può aiutare a personalizzare le strategie di marketing e comunicazione per segmenti di pubblico specifici.

L'uso di ChatGPT nel marketing e nella comunicazione rappresenta una svolta significativa verso la personalizzazione e il targeting preciso dei segmenti di pubblico. Attraverso la capacità di elaborare e analizzare grandi volumi di dati, ChatGPT può generare insight profondi sui consumatori, consentendo alle aziende di creare messaggi e offerte su misura che risuonano con segmenti specifici del pubblico. Ecco come può essere utilizzato ChatGPT per potenziare la personalizzazione e il marketing mirato:

Identificazione dei Segmenti di Pubblico

ChatGPT può analizzare dati demografici, comportamentali e di acquisto per identificare segmenti di pubblico distinti all'interno della base di clienti di un'azienda. Questo consente ai marketer di comprendere meglio le caratteristiche, le preferenze e i bisogni di ciascun segmento, fondamentale per sviluppare strategie di marketing mirate.

Creazione di Contenuti Personalizzati

Sfruttando le capacità di elaborazione del linguaggio naturale di ChatGPT, le aziende possono generare contenuti altamente personalizzati che parlano direttamente agli interessi e alle esigenze di ciascun segmento di pubblico. Che si tratti di post di blog, email di marketing, annunci pubblicitari o post sui social media, ChatGPT può aiutare a creare messaggi che massimizzano l'engagement e la conversione.

Automazione delle Campagne di Marketing

ChatGPT può automatizzare la distribuzione di campagne di marketing mirate, assicurando che i messaggi giusti vengano inviati al pubblico giusto al momento più opportuno. Attraverso l'apprendimento dalle interazioni passate, ChatGPT può ottimizzare i tempi e la frequenza delle comunicazioni per massimizzare l'impatto, riducendo al contempo la probabilità di affaticamento del messaggio.

Analisi del Sentimento e del Feedback

Analizzando il feedback dei clienti e i dati dei social media, ChatGPT può fornire un'analisi del sentimento in tempo reale, aiutando le aziende a capire come i loro marchi, prodotti o campagne vengono percepiti dai diversi segmenti di pubblico. Questo consente un aggiustamento rapido delle strategie di marketing e comunicazione per rispondere meglio alle esigenze e alle preferenze dei consumatori.

Personalizzazione del Percorso del Cliente

ChatGPT può aiutare a personalizzare l'intero percorso del cliente, dal primo contatto alla conversione e oltre. Analizzando i dati sul comportamento degli utenti sui siti web e le piattaforme online, ChatGPT può guidare la personalizzazione delle pagine web, le raccomandazioni di prodotti e le offerte speciali per adattarsi ai bisogni unici di ciascun visitatore, migliorando l'esperienza dell'utente e aumentando le possibilità di conversione.

Ottimizzazione in Tempo Reale

Grazie alla sua capacità di elaborazione in tempo reale, ChatGPT può aiutare a ottimizzare le campagne di marketing mentre sono in corso, adattando i messaggi e le tattiche basate sulle prestazioni e sull'engagement del pubblico. Questo approccio agile consente ai marketer di sfruttare al meglio il loro budget, assicurando che le risorse siano allocate alle strategie più efficaci.

Supporto Decisionale Basato sui Dati

Infine, ChatGPT può fornire supporto decisionale basato sui dati per i responsabili marketing, generando rapporti e insight che evidenziano le tendenze del mercato, le prestazioni delle campagne e le opportunità di crescita. Questi dati possono informare la strategia di marketing, guidando le decisioni su dove concentrare gli sforzi e come allocare il budget per ottenere il massimo impatto.

In sintesi, ChatGPT offre un'opportunità senza precedenti per personalizzare le strategie di marketing e comunicazione, permettendo alle aziende di interagire con i loro segmenti di pubblico in modi più significativi e impattanti. Utilizzando dati e insight generati dall'AI, le aziende possono costruire campagne che non solo attirano l'attenzione ma anche risuonano profondamente con i desideri e le esigenze individuali dei loro clienti. Questa capacità di personalizzazione profonda porta a una maggiore lealtà del cliente, tassi di conversione più elevati e, infine, una crescita sostenibile del business.

Sviluppo di Esperienze Utente Iper-Personalizzate

Grazie a ChatGPT, gli e-commerce e le piattaforme digitali possono creare esperienze utente iper-personalizzate. Adattando dinamicamente il contenuto, le interfacce utente e le offerte promozionali in base ai dati comportamentali in tempo reale, gli utenti si sentono unici e valutati, aumentando la loro soddisfazione e il loro impegno con il brand.

Marketing Predittivo

ChatGPT permette di attuare strategie di marketing predittivo, anticipando le esigenze e i desideri dei clienti prima che si manifestino consciamente. Analizzando modelli di dati storici e tendenze attuali, le aziende possono proporre prodotti, servizi e contenuti che corrispondono alle probabili future richieste dei clienti, posizionandosi come leader proattivi nel loro settore.

Conversazioni Naturali con i Clienti

I chatbot alimentati da ChatGPT possono condurre conversazioni naturali e coinvolgenti, imitando il tono e lo stile comunicativo umano. Questa capacità di interagire in modo autentico aumenta la fiducia e il comfort dei clienti, incoraggiandoli a esprimere apertamente i loro pensieri e le loro preferenze, che possono poi essere utilizzati per affinare ulteriormente le strategie di marketing e personalizzazione.

Integrazione Multicanale

ChatGPT consente una facile integrazione tra diversi canali di marketing e comunicazione, garantendo che i messaggi personalizzati siano coerenti su email, social media, chatbot e altri touchpoint digitali. Questo approccio integrato assicura che i clienti ricevano un'esperienza omogenea, indipendentemente da come scelgono di interagire con il brand.

Raccolta e Analisi dei Dati in Tempo Reale

Con ChatGPT, le aziende possono raccogliere e analizzare dati sui clienti in tempo reale, permettendo aggiustamenti rapidi e informati alle campagne di marketing. Questa reattività non solo migliora l'efficacia delle iniziative di marketing ma dimostra anche ai clienti che il brand è attento e reattivo alle loro esigenze.

Ottimizzazione della Customer Journey

Utilizzando ChatGPT per mappare e analizzare la customer journey, le aziende possono identificare punti di attrito, momenti di piacere e opportunità di upselling/cross-selling lungo il percorso del cliente. Queste informazioni possono essere utilizzate per creare un percorso cliente ottimizzato che massimizza l'engagement e le conversioni ad ogni fase.

Miglioramento Continuo attraverso il Feedback

ChatGPT facilita la raccolta e l'analisi del feedback dei clienti, permettendo alle aziende di iterare e migliorare continuamente le loro offerte e messaggi di marketing. Questo ciclo di feedback consente un miglioramento continuo basato su dati concreti, assicurando che le strategie di marketing rimangano allineate con le aspettative in evoluzione dei clienti.

In conclusione, ChatGPT rappresenta uno strumento rivoluzionario per personalizzare le strategie di marketing e comunicazione, offrendo alle aziende la possibilità di connettersi con i loro clienti a un livello più profondo e significativo. Attraverso l'utilizzo intelligente dei dati, la creazione di contenuti personalizzati, e un'interazione cliente autentica e naturale, ChatGPT può aiutare a costruire relazioni durature e positive con i clienti, guidando al successo nel mercato competitivo di oggi.

Ampliamento delle Strategie di Retargeting

ChatGPT può elevare le strategie di retargeting analizzando i dati di comportamento dei clienti per identificare i momenti ottimali e i messaggi per reingaggiare gli utenti che hanno mostrato interesse ma non hanno completato l'acquisto. Creando messaggi di retargeting iper-personalizzati che risuonano con le esperienze individuali e i punti di dolore, le aziende possono aumentare significativamente le possibilità di conversione, trasformando gli interessi quasi persi in vendite effettive.

Sviluppo di Campagne di Marketing Interattive

L'uso di ChatGPT consente lo sviluppo di campagne di marketing interattive, come quiz personalizzati, giochi e sondaggi che non solo coinvolgono i clienti ma raccolgono anche dati preziosi sui loro interessi e preferenze. Queste campagne possono aumentare l'engagement dei clienti, fornendo al contempo alle aziende insight dettagliati per affinare ulteriormente la segmentazione e la personalizzazione.

Integrazione con l'Intelligenza Artificiale Visiva

Combinando ChatGPT con l'intelligenza artificiale visiva, le aziende possono offrire esperienze di shopping ancora più personalizzate, consentendo ai clienti di cercare prodotti utilizzando immagini o interagendo con elementi visivi. Questa integrazione può trasformare il modo in cui i clienti scoprono e interagiscono con i prodotti, offrendo un livello di convenienza e personalizzazione senza precedenti.

Ottimizzazione delle Conversioni attraverso l'Analisi Predittiva

Utilizzando ChatGPT per l'analisi predittiva, le aziende possono identificare i fattori che influenzano maggiormente le conversioni, dalla disposizione degli elementi sulla pagina al tipo di messaggi che risuonano meglio con diversi segmenti di pubblico. Questo permette un'ottimizzazione continua della pagina e delle tattiche di marketing basate su dati predittivi, massimizzando le conversioni e il ROI.

Personalizzazione del Servizio Clienti Post-Vendita

ChatGPT può essere utilizzato per personalizzare l'assistenza clienti post-vendita, offrendo soluzioni su misura per domande o problemi post-acquisto. Che si tratti di assistenza nella configurazione di un prodotto, risposte a domande specifiche o gestione di reclami, un approccio personalizzato può aumentare la soddisfazione del cliente e promuovere la fedeltà al brand.

Analisi Avanzata delle Emozioni

Integrando capacità di analisi delle emozioni, ChatGPT può interpretare il tono emotivo dei messaggi dei clienti, permettendo alle aziende di rispondere in modo più empatico e personalizzato. Questa comprensione emotiva può guidare non solo la comunicazione uno-a-uno ma anche l'adattamento dei messaggi di marketing per risuonare su un livello più emotivo con i diversi segmenti di pubblico.

Facilitazione dell'Upselling e del Cross-Selling Intelligenti

ChatGPT può analizzare il comportamento di acquisto dei clienti e le interazioni precedenti per identificare opportunità di upselling e cross-selling altamente personalizzate. Suggerendo prodotti o servizi complementari che corrispondono alle esigenze e alle preferenze individuali, le aziende possono aumentare il valore medio degli ordini mentre migliorano l'esperienza di acquisto per il cliente.

Monitoraggio e Adattamento in Tempo Reale delle Tendenze di Mercato

Infine, ChatGPT permette alle aziende di monitorare e adattarsi in tempo reale alle tendenze di mercato emergenti. Analizzando i dati dai social media, i forum online e altre fonti di feedback dei clienti, le aziende possono cogliere rapidamente le nuove direzioni delle preferenze dei consumatori, adattando le loro strategie di marketing e comunicazione per rimanere sempre rilevanti e competitivi.

Attraverso queste strategie avanzate, l'impiego di ChatGPT nel marketing e nella comunicazione non solo migliora la precisione e l'efficacia del targeting ma eleva anche l'intera esperienza del cliente, creando una connessione più profonda e significativa tra i brand e i loro pubblici target. Questo approccio olistico e personalizzato alla comunicazione e al marketing non solo stimola l'engagement e la fedeltà ma apre anche la strada a un ciclo virtuoso di crescita del business, alimentato da relazioni cliente-brand più forti e significative.

Impiego di Dati di Terze Parti per un Targeting Migliorato

Integrando ChatGPT con dati di terze parti, le aziende possono arricchire le loro analisi e segmentazioni con informazioni aggiuntive, come dati demografici avanzati, tendenze di consumo e insight comportamentali. Questo ampliamento del pool di dati consente un targeting ancora più preciso e personalizzato, migliorando ulteriormente l'efficacia delle campagne di marketing e comunicazione.

Sviluppo di Assistenza Vocale Personalizzata

L'evoluzione della tecnologia vocale e l'integrazione con ChatGPT permettono lo sviluppo di assistenti vocali personalizzati, in grado di offrire un servizio clienti e supporto per l'e-commerce altamente personalizzato attraverso dispositivi abilitati alla voce. Questa interazione naturale e intuitiva migliora l'accessibilità e l'engagement del cliente, aprendo nuove vie per l'interazione brand-cliente.

Creazione di Esperienze di Realità Virtuale (VR) Immersive

L'impiego di ChatGPT nella creazione di esperienze di realtà virtuale personalizzate per il marketing e la comunicazione può trasformare il modo in cui i clienti vivono e interagiscono con i brand. Offrendo esperienze immersive che educano, intrattengono e coinvolgono, le aziende possono creare connessioni emotive profonde, potenziando la memorabilità del brand e l'impatto dei messaggi di marketing.

Personalizzazione del Customer Journey Basata sui Momenti di Vita

Utilizzando ChatGPT per analizzare i dati relativi ai momenti significativi della vita dei clienti, le aziende possono personalizzare il customer journey in base a eventi chiave come matrimoni, nascite, traslochi o cambiamenti di carriera. Questa personalizzazione basata sui momenti di vita non solo dimostra una comprensione e cura profonda per i bisogni del cliente ma può anche aumentare la rilevanza e l'efficacia delle interazioni di marketing.

Implementazione di Feedback Loop Continui

Creando sistemi di feedback loop continui alimentati da ChatGPT, le aziende possono raccogliere, analizzare e agire sul feedback dei clienti in tempo reale. Questo approccio permette un aggiustamento agile e continuo delle strategie di marketing e comunicazione, assicurando che rimangano sempre ottimizzate per soddisfare le aspettative in evoluzione dei clienti e le dinamiche di mercato mutevoli.

Miglioramento della Retention attraverso la Personalizzazione

Applicando ChatGPT alla personalizzazione delle strategie di retention, le aziende possono aumentare significativamente la probabilità di mantenere i clienti a lungo termine. Offrendo contenuti, offerte e interazioni su misura che riflettono la storia e le preferenze individuali dei clienti, le aziende possono rafforzare il legame con i loro clienti, aumentando la soddisfazione e incentivando la lealtà.

Analisi Prospettica per Innovazione di Prodotti e Servizi

Infine, ChatGPT può essere utilizzato per condurre analisi prospettiche che guidano l'innovazione di prodotti e servizi. Analizzando le tendenze emergenti, i bisogni insoddisfatti dei clienti e i pattern di feedback, le aziende possono identificare opportunità per nuovi prodotti o miglioramenti, assicurando che la loro offerta rimanga all'avanguardia e fortemente allineata con le esigenze del mercato.

Attraverso queste e molte altre applicazioni, l'integrazione di ChatGPT nel marketing e nella comunicazione apre un mondo di possibilità per una personalizzazione senza precedenti e un marketing mirato. Man mano che le aziende continuano ad adottare e adattare questa tecnologia, possono aspettarsi di vedere non solo un miglioramento nelle metriche di marketing tradizionali ma anche una trasformazione più profonda nel modo in cui si connettono e costruisono relazioni con i loro clienti. L'era della comunicazione di massa e delle strategie di marketing "one-size-fits-all" sta cedendo il passo a un'epoca di dialogo individuale e interazione significativa, dove ogni cliente si sente visto, ascoltato e valorizzato dal brand.

Rivoluzione nell'Engagement sui Social Media

ChatGPT può trasformare l'engagement sui social media, permettendo alle aziende di creare contenuti altamente mirati e partecipare a conversazioni in modo autentico e personale con i loro follower. Analizzando i dati demografici, i comportamenti di navigazione e le interazioni precedenti, ChatGPT può aiutare a modellare la voce del brand in modo che risuoni autenticamente con diversi segmenti di pubblico, aumentando l'engagement e rafforzando la presenza online del brand.

Miglioramento dell'Efficienza del Servizio Clienti

L'integrazione di ChatGPT nel servizio clienti consente una risposta rapida e personalizzata alle domande dei clienti, riducendo i tempi di attesa e migliorando la soddisfazione complessiva. Fornendo risposte contestualmente pertinenti basate sulle interazioni passate, ChatGPT può affrontare efficacemente le preoccupazioni dei clienti e offrire soluzioni personalizzate, riducendo al contempo il carico sul personale del servizio clienti.

Potenziamento dell'Esperienza Omnicanale

ChatGPT può giocare un ruolo cruciale nel potenziare un'esperienza omnicanale, assicurando che i clienti ricevano un livello costante di personalizzazione e servizio, indipendentemente dal canale che scelgono di utilizzare. Che si tratti di interazioni online, tramite mobile app, o in negozio, ChatGPT può aiutare a creare un'esperienza fluida e integrata, aumentando la fedeltà dei clienti e incoraggiando ripetuti affari.

Ampliamento delle Capacità di Marketing Locale

Utilizzando ChatGPT per analizzare dati specifici per località, le aziende possono sviluppare strategie di marketing locale altamente mirate che tengono conto delle peculiarità culturali, delle tendenze di consumo e delle esigenze specifiche della comunità locale. Questo approccio consente di massimizzare la rilevanza e l'efficacia delle campagne di marketing, promuovendo una maggiore connessione con i clienti a livello locale.

Ottimizzazione Dinamica dei Prezzi

ChatGPT può aiutare le aziende a implementare strategie di ottimizzazione dinamica dei prezzi, analizzando i dati di mercato, la domanda dei consumatori e i comportamenti di acquisto per regolare i prezzi in tempo reale. Questo non solo può massimizzare i profitti e la competitività del mercato ma può anche essere comunicato come un vantaggio personalizzato ai clienti, offrendo loro prezzi ottimali basati sul timing o sulla loro fedeltà al brand.

Sviluppo di Programmi Fedeltà Innovativi

Con l'ausilio di ChatGPT, le aziende possono reinventare i loro programmi fedeltà, offrendo ricompense e incentivi personalizzati che riflettono i comportamenti individuali e le preferenze dei clienti.

Questo livello di personalizzazione incoraggia una maggiore partecipazione al programma fedeltà, aumentando la retention dei clienti e promuovendo un maggiore impegno a lungo termine con il brand.

Realizzazione di Studi di Mercato Approfonditi

ChatGPT può automatizzare e semplificare la raccolta e l'analisi di dati per studi di mercato, offrendo alle aziende insight dettagliati sulle tendenze emergenti, le preferenze dei consumatori e le opportunità di mercato. Questi studi possono essere personalizzati per specifici segmenti di pubblico o nicchie di mercato, fornendo alle aziende le informazioni di cui hanno bisogno per prendere decisioni strategiche informate.

In definitiva, l'impiego di ChatGPT nel marketing e nella comunicazione rappresenta una frontiera entusiasmante per le aziende che cercano di distinguersi in un mercato affollato. Attraverso una comprensione più profonda dei propri clienti e la capacità di interagire con loro in modo significativo e personalizzato, le aziende possono sfruttare ChatGPT per trasformare radicalmente le loro strategie di marketing e comunicazione. Questo non solo porta a una maggiore efficienza e efficacia nelle campagne ma crea anche un'esperienza cliente ricca e coinvolgente che può significativamente aumentare la fedeltà e il valore a lungo termine del cliente per il brand.

Con ChatGPT, il marketing mirato e la personalizzazione vanno oltre la semplice segmentazione demografica o comportamentale. Le aziende possono ora comprendere le sfumature delle preferenze individuali dei clienti, i loro percorsi unici di customer journey e persino i cambiamenti nei loro bisogni e desideri nel tempo. Questo livello di intuizione permette lo sviluppo di strategie di comunicazione che parlano direttamente al cuore dei clienti, promuovendo un maggiore engagement e costruendo relazioni più profonde e durature.

Inoltre, la capacità di ChatGPT di analizzare e reagire alle tendenze di mercato in tempo reale offre alle aziende un vantaggio competitivo, consentendo loro di adattare rapidamente le loro strategie in risposta a nuove informazioni. Questa agilità e reattività non solo aiutano a mantenere l'azienda rilevante ma assicurano anche che i messaggi di marketing rimangano pertinenti e risonanti con il pubblico target, massimizzando l'impatto e il ROI delle campagne.

La personalizzazione e il marketing mirato alimentati da ChatGPT aprono anche nuove opportunità per l'innovazione nel prodotto e nel servizio, guidando lo sviluppo di offerte che rispondono esattamente a ciò che i clienti desiderano e necessitano. Questo non solo aumenta le possibilità di successo del prodotto ma rafforza anche la percezione del brand come attento e reattivo alle esigenze dei suoi clienti.

Infine, l'integrazione di ChatGPT nelle strategie di marketing e comunicazione richiede un approccio olistico che consideri non solo la tecnologia ma anche la cultura aziendale, l'etica e la responsabilità del brand. Mentre le aziende adottano queste potenti capacità di AI, devono anche impegnarsi a utilizzarle in modo che valorizzi e rispetti i loro clienti, costruendo fiducia e trasparenza.

In sintesi, l'adozione di ChatGPT nel marketing e nella comunicazione non è solo un passo verso una maggiore personalizzazione e efficacia ma segna anche il passaggio a una nuova era di interazione brand-cliente. Un'era caratterizzata da un dialogo autentico, relazioni significative e un profondo impegno per soddisfare e superare le aspettative dei clienti in ogni punto di contatto.

11. Formazione e Educazione con ChatGPT: Utilizzare ChatGPT per creare materiali didattici personalizzati, corsi online e sessioni di tutoring.

L'impiego di ChatGPT nel campo della formazione e dell'educazione apre nuovi orizzonti per l'apprendimento personalizzato, l'accessibilità e l'interattività. Grazie alla sua avanzata comprensione del linguaggio naturale e alla capacità di generare risposte contestualizzate, ChatGPT può essere utilizzato per sviluppare materiali didattici su misura, corsi online dinamici e sessioni di tutoring interattive. Ecco alcuni modi in cui ChatGPT sta rivoluzionando l'educazione:

Sviluppo di Materiali Didattici Personalizzati

ChatGPT può generare materiali didattici che si adattano ai livelli di competenza, agli interessi e agli stili di apprendimento individuali degli studenti. Che si tratti di creare testi di lettura, esercizi, casi di studio o riepiloghi di lezione, ChatGPT può personalizzare i contenuti per soddisfare le esigenze specifiche di ogni studente, migliorando l'efficacia dell'apprendimento e mantenendo elevato l'interesse degli studenti.

Corsi Online Dinamici

Nell'ambito dei corsi online, ChatGPT può essere utilizzato per progettare esperienze di apprendimento interattive e coinvolgenti. Può generare quiz interattivi, simulazioni e attività di apprendimento basate su scenari che si adattano in tempo reale in base alle risposte e al progresso degli studenti, offrendo un feedback immediato e personalizzato che guida l'apprendimento e il rinforzo dei concetti.

Tutoring Interattivo e Supporto agli Studenti

ChatGPT può funzionare come un tutor virtuale, fornendo supporto agli studenti 24/7. Gli studenti possono porre domande e ricevere spiegazioni dettagliate, suggerimenti di studio e risorse aggiuntive in tempo reale. Questo accesso immediato al supporto può ridurre la frustrazione degli studenti, promuovere la fiducia e migliorare i risultati dell'apprendimento.

Personalizzazione dei Percorsi di Apprendimento

Utilizzando ChatGPT, gli educatori possono creare percorsi di apprendimento personalizzati che si adattano ai progressi e alle prestazioni di ciascuno studente. Questo approccio permette di identificare e colmare le lacune nella conoscenza, sfidare gli studenti con materiali più avanzati quando sono pronti e adattare l'esperienza di apprendimento per massimizzare l'efficacia per ogni individuo.

Lingue e Accessibilità

ChatGPT può aiutare a superare le barriere linguistiche nell'educazione, generando materiali didattici e risorse di supporto in diverse lingue. Inoltre, la sua capacità di interagire tramite testo rende l'apprendimento più accessibile per gli studenti con diverse esigenze, compresi quelli con difficoltà uditive o altri disabilità che possono limitare l'efficacia dei metodi tradizionali di insegnamento.

Formazione Professionale e Sviluppo delle Competenze

ChatGPT trova applicazione anche nella formazione professionale e nello sviluppo delle competenze, dove può essere utilizzato per creare moduli di formazione specifici del settore, aggiornamenti sulle migliori pratiche e sessioni di coaching personalizzate. Questo può accelerare il processo di apprendimento e garantire che le competenze acquisite siano direttamente applicabili nel contesto lavorativo.

Valutazione e Feedback

L'intelligenza artificiale può assistere nella valutazione delle prestazioni degli studenti, analizzando le risposte agli esercizi e fornendo un feedback costruttivo. Questo non solo alleggerisce il carico di lavoro degli insegnanti ma offre anche agli studenti una valutazione più tempestiva e personalizzata del loro apprendimento.

Arricchimento del Curriculum

Infine, ChatGPT può essere utilizzato per arricchire il curriculum esistente con contenuti aggiuntivi, storie, esempi del mondo reale e attualità correlate agli argomenti di studio. Questo arricchimento del curriculum può rendere l'apprendimento più rilevante e interessante per gli studenti, collegando la teoria con la praticae il mondo reale.

Integrazione con Altri Strumenti Educativi

ChatGPT può essere integrato con piattaforme educative esistenti e altri strumenti digitali per creare un ecosistema di apprendimento completo. Può funzionare come un layer aggiuntivo che fornisce supporto personalizzato, integrazione di risorse esterne, e collegamenti a materiali di approfondimento, potenziando così l'esperienza educativa complessiva con risorse interattive e accessibili.

Sviluppo di Competenze di Problem-Solving

ChatGPT può essere utilizzato per progettare esercizi che promuovono il pensiero critico e le competenze di problem-solving. Generando scenari complessi, studi di caso, o sfide logiche, incoraggia gli studenti ad applicare la conoscenza in contesti nuovi e non familiari, sviluppando abilità trasversali cruciali per il successo accademico e professionale.

Facilitazione dell'Apprendimento Collaborativo

Con l'aiuto di ChatGPT, gli educatori possono creare ambienti che favoriscono l'apprendimento collaborativo, incoraggiando gli studenti a lavorare insieme su progetti, discussioni e attività di ricerca. Questi ambienti possono essere personalizzati in base ai gruppi di studenti, promuovendo l'interazione e la condivisione di idee tra pari in modo significativo e produttivo.

Supporto per l'Insegnamento Ibrido e a Distanza

Nell'era dell'istruzione ibrida e a distanza, ChatGPT offre strumenti essenziali per mantenere elevati livelli di engagement e partecipazione degli studenti. Fornendo risorse interattive, sessioni di Q&A in tempo reale, e feedback personalizzato, può aiutare a colmare il divario tra apprendimento in aula e online, assicurando che tutti gli studenti abbiano accesso a un'istruzione di qualità, indipendentemente dalla loro posizione.

Preparazione per il Futuro del Lavoro

Attraverso la personalizzazione dell'educazione e la formazione su competenze specifiche richieste nel mercato del lavoro, ChatGPT può preparare gli studenti per il futuro del lavoro. Generando contenuti che riflettono le ultime tendenze del settore, le tecnologie emergenti e le competenze richieste dai datori di lavoro, ChatGPT può aiutare gli studenti a rimanere aggiornati e rendere il loro apprendimento più rilevante per le loro aspirazioni di carriera.

Promozione dell'Apprendimento Permanente

Infine, ChatGPT può giocare un ruolo cruciale nel promuovere l'apprendimento permanente. Offrendo risorse educative facilmente accessibili, sessioni di tutoring personalizzate e opportunità di apprendimento continuo, incoraggia gli individui a perseguire la loro curiosità intellettuale e sviluppo professionale in ogni fase della vita, rendendo l'educazione una parte integrante e continua dell'esperienza umana.

In sintesi, l'impiego di ChatGPT nel campo dell'educazione offre un potenziale straordinario per trasformare il modo in cui apprendiamo, insegniamo e interagiamo con il sapere. Fornendo strumenti per la creazione di materiali didattici personalizzati, corsi online dinamici e sessioni di tutoring interattive,

ChatGPT non solo arricchisce l'esperienza educativa ma apre anche la strada a un futuro in cui l'istruzione è più accessibile, inclusiva e adattata alle esigenze individuali di ogni studente.

Assistenza nella Ricerca e Sviluppo Accademico

ChatGPT può assistere studenti e ricercatori nello sviluppo di progetti di ricerca e nella stesura di articoli accademici. Generando bozze, sommari e persino bibliografie formattate correttamente, ChatGPT può semplificare il processo di ricerca, permettendo agli utenti di concentrarsi sull'analisi e sulla scoperta. Questo strumento può diventare particolarmente prezioso nella fase iniziale di raccolta delle informazioni e nella fase finale di revisione e perfezionamento del lavoro.

Sviluppo di Capacità di Lettura Critica

Integrando ChatGPT in esercizi di lettura critica, gli educatori possono incoraggiare gli studenti a esaminare testi, identificare argomentazioni chiave, e valutare la validità delle fonti. ChatGPT può generare domande guida, riassunti e analisi di testi che stimolano il pensiero critico e promuovono una comprensione più profonda dei materiali di studio.

Ampliamento dell'Accesso all'Educazione

ChatGPT può contribuire significativamente all'ampliamento dell'accesso all'educazione, specialmente per gli studenti in aree remote o sottoservite. Fornendo risorse educative e supporto personalizzato tramite dispositivi connessi a internet, ChatGPT riduce le barriere all'apprendimento, garantendo che più persone abbiano l'opportunità di perseguire i loro obiettivi educativi e professionali.

Potenziamento delle Competenze Linguistiche

Per gli studenti che imparano una nuova lingua, ChatGPT può servire come strumento di pratica interattivo, offrendo esercizi di conversazione, comprensione e grammatica. Adattandosi al livello di competenza linguistica dell'utente, ChatGPT può fornire feedback immediato e suggerimenti per il miglioramento, accelerando il processo di apprendimento linguistico.

Supporto per Educatori e Istruttori

ChatGPT non solo beneficia gli studenti ma può anche supportare gli educatori e gli istruttori nella preparazione delle lezioni, nella generazione di idee per attività didattiche innovative e nella gestione del carico di lavoro amministrativo. Liberando tempo prezioso, gli insegnanti possono dedicare più attenzione all'interazione diretta con gli studenti e al perfezionamento delle proprie metodologie didattiche.

Integrazione con la Gamification dell'Apprendimento

L'uso di ChatGPT può arricchire l'approccio alla gamification dell'apprendimento, integrando elementi ludici e competitivi nei materiali didattici. Creando quiz personalizzati, sfide di apprendimento e narrazioni interattive, ChatGPT può rendere l'educazione più coinvolgente e divertente, stimolando la motivazione e l'impegno degli studenti.

Fornitura di Percorsi di Carriera Personalizzati

ChatGPT può aiutare gli studenti a navigare nelle loro opzioni di carriera, offrendo consigli personalizzati basati sui loro interessi, competenze e obiettivi professionali. Generando percorsi di carriera potenziali, informazioni sulle competenze richieste e suggerimenti per lo sviluppo personale, ChatGPT può guidare gli studenti nella pianificazione di un futuro professionale soddisfacente.

Promozione della Salute Mentale e del Benessere

Infine, ChatGPT può essere utilizzato per promuovere la salute mentale e il benessere tra gli studenti, fornendo un'arena sicura per esplorare preoccupazioni e stress legati allo studio. Offrendo strategie di coping, risorse di supporto e incoraggiamento personalizzato, ChatGPT può contribuire a creare un ambiente educativo che sostiene non solo l'apprendimento accademico ma anche il benessere emotivo degli studenti.

In conclusione, l'integrazione di ChatGPT nel campo dell'educazione rappresenta una rivoluzione nel modo in cui l'apprendimento viene consegnato e personalizzato. Fornendo strumenti flessibili per l'istruzione, il supporto e il miglioramento continuo, ChatGPT può elevare significativamente l'esperienza educativa per studenti e insegnanti. Questa tecnologia non solo facilita l'accesso a un'istruzione di qualità ma incoraggia anche un approccio più interattivo e personalizzato all'apprendimento, che può adattarsi ai bisogni e agli stili di ciascun individuo.

Sostegno allo Sviluppo delle Soft Skills

Oltre all'istruzione tradizionale, ChatGPT può svolgere un ruolo cruciale nello sviluppo delle soft skills, come la comunicazione, il lavoro di squadra, la leadership e la gestione del tempo. Attraverso simulazioni interattive e scenari di role-playing, gli studenti possono praticare e affinare queste competenze essenziali in un ambiente sicuro e controllato, preparandosi meglio per il mondo professionale.

Personalizzazione dell'Istruzione K-12

Nell'istruzione primaria e secondaria (K-12), ChatGPT può offrire una personalizzazione senza precedenti, adattando il materiale didattico all'età, al livello di competenza e agli interessi specifici degli studenti. Questo approccio personalizzato può aiutare a mantenere gli studenti impegnati e motivati, specialmente in materie che potrebbero trovare difficili o intimidatorie, rendendo l'apprendimento più accessibile e piacevole per tutti.

Facilitazione dell'Apprendimento Basato sui Progetti

ChatGPT può facilitare l'apprendimento basato sui progetti, assistendo nella progettazione, nello sviluppo e nella valutazione di progetti che richiedono agli studenti di applicare le loro conoscenze in contesti pratici. Questo metodo di apprendimento promuove lo sviluppo di competenze di pensiero critico e problem-solving, preparando gli studenti ad affrontare sfide reali.

Accesso Democratico all'Educazione

Importante è il ruolo di ChatGPT nell'abbattere le barriere all'accesso all'educazione. Offrendo una piattaforma di apprendimento flessibile e scalabile, ChatGPT può raggiungere studenti in aree remote o in situazioni di svantaggio, fornendo loro risorse educative di alta qualità e opportunità di tutoraggio che altrimenti potrebbero essere inaccessibili.

Supporto per l'Educazione degli Adulti e la Formazione Continua

Per l'educazione degli adulti e la formazione continua, ChatGPT può offrire percorsi di apprendimento adattati agli orari impegnativi e alle responsabilità personali. Che si tratti di sviluppare nuove competenze professionali, di completare una formazione accademica o di perseguire interessi personali, ChatGPT può fornire il supporto e le risorse necessarie per facilitare l'apprendimento lungo tutto l'arco della vita.

Incremento dell'Interdisciplinarietà nell'Istruzione

ChatGPT promuove un approccio interdisciplinare all'istruzione, generando materiali e progetti che integrano conoscenze e competenze di diverse discipline. Questo approccio olistico all'apprendimento non solo arricchisce l'esperienza educativa degli studenti ma li prepara anche a pensare in modo più complesso e creativo, qualità preziose in un mondo del lavoro in rapida evoluzione.

Miglioramento del Feedback Formativo

Infine, ChatGPT può migliorare significativamente il processo di feedback formativo, fornendo agli studenti valutazioni tempestive e personalizzate sul loro lavoro. Questo feedback immediato può accelerare il processo di apprendimento, consentendo agli studenti di identificare e correggere gli errori più rapidamente e di comprendere meglio i concetti chiave.

L'adozione di ChatGPT nel settore educativo rappresenta quindi non solo un'evoluzione delle tecniche didattiche ma segna anche un passo avanti verso un futuro in cui l'educazione è più accessibile, personalizzata e in grado di soddisfare le esigenze di un pubblico globale e diversificato. Con la sua capacità di adattarsi e rispondere alle esigenze individuali degli studenti, ChatGPT sta ridefinendo ciò che significa imparare e insegnare, promettendo di portare l'istruzione in una nuova era di personalizzazione e inclusività.

Espansione dell'Educazione Basata sui Competenze

ChatGPT facilita l'adozione di modelli educativi basati sui competenze, permettendo agli educatori di creare percorsi di apprendimento che si concentrano sull'acquisizione di abilità specifiche e misurabili. Questo approccio, supportato dalla capacità di ChatGPT di fornire esercitazioni e valutazioni personalizzate, consente agli studenti di progredire al proprio ritmo, assicurando che raggiungano la padronanza richiesta prima di avanzare.

Promozione dell'Autoapprendimento

Con le sue capacità di generazione di contenuti e di interazione in tempo reale, ChatGPT promuove l'autoapprendimento, incoraggiando gli studenti a prendere l'iniziativa nel proprio percorso educativo. Fornendo risorse on-demand e supporto personalizzato, ChatGPT consente agli studenti di esplorare nuovi argomenti, approfondire interessi personali e assumere un ruolo più attivo nella propria educazione.

Integrazione di Esperienze Virtuali e Aumentate

L'uso di ChatGPT, in combinazione con tecnologie di realtà virtuale (VR) e realtà aumentata (AR), può trasformare l'apprendimento in un'esperienza immersiva. Creando ambienti di apprendimento virtuali dove gli studenti possono simulare esperimenti, visitare luoghi storici o esplorare scenari complessi, ChatGPT arricchisce l'educazione con esperienze che vanno oltre i confini della classe tradizionale.

Supporto alla Diversificazione dei Metodi di Valutazione

ChatGPT può assistere nella creazione di metodi di valutazione diversificati che vanno oltre i test standardizzati, includendo valutazioni basate su progetti, portfolio e presentazioni. Questa diversità nei metodi di valutazione non solo offre agli studenti più modi per dimostrare la loro conoscenza e competenza ma anche aiuta a creare un sistema educativo più equo e rappresentativo delle diverse abilità degli studenti.

Facilitazione della Formazione Continua degli Insegnanti

ChatGPT offre anche opportunità per la formazione professionale continua degli insegnanti, fornendo accesso a risorse aggiornate, workshop virtuali e comunità di pratica online. Gli insegnanti possono utilizzare ChatGPT per rimanere al passo con le ultime ricerche pedagogiche, esplorare nuove metodologie didattiche e condividere esperienze e strategie con colleghi di tutto il mondo.

Potenziamento dell'Inclusione Educativa

ChatGPT gioca un ruolo cruciale nel potenziare l'inclusione educativa, offrendo soluzioni personalizzate che possono adattarsi alle esigenze di apprendimento di studenti con disabilità, differenze di apprendimento o sfide linguistiche. Fornendo contenuti accessibili e supporto su misura, ChatGPT aiuta a garantire che ogni studente abbia la possibilità di raggiungere il proprio potenziale.

Collaborazione Globale tra Studenti

Infine, ChatGPT può facilitare la collaborazione globale tra studenti, superando le barriere geografiche e culturali. Gli studenti possono lavorare insieme a progetti internazionali, partecipare a scambi culturali virtuali e apprendere da coetanei di diverse parti del mondo, promuovendo una comprensione globale e la cittadinanza mondiale.

In definitiva, l'impiego di ChatGPT nell'educazione rappresenta un cambiamento paradigmatico, spostando il fulcro dall'insegnamento tradizionale basato sull'insegnante all'apprendimento studente-centrico, supportato dalla tecnologia. Questa transizione non solo migliora l'accessibilità e la personalizzazione dell'istruzione ma apre anche la strada a un futuro in cui l'apprendimento è illimitato, trasversale e profondamente radicato nelle esigenze e nelle aspirazioni individuali di ogni studente.

Integrazione di Approcci Pedagogici Innovativi

ChatGPT può aiutare a integrare approcci pedagogici innovativi, come l'apprendimento basato sui giochi, l'educazione esperienziale e l'insegnamento basato sulle indagini. Questi metodi, supportati dalla flessibilità e dalla capacità adattiva di ChatGPT, possono rendere l'apprendimento più coinvolgente e efficace, motivando gli studenti attraverso esperienze educative che sono sia informative che stimolanti.

Sviluppo di Competenze Digitali

In un mondo sempre più digitalizzato, ChatGPT può svolgere un ruolo cruciale nello sviluppo delle competenze digitali degli studenti. Attraverso l'interazione con questa tecnologia, gli studenti non solo imparano a navigare efficacemente in ambienti digitali ma acquisiscono anche una comprensione fondamentale dell'intelligenza artificiale, della sicurezza online e dell'etica digitale, preparandoli per il futuro digitale.

Personalizzazione dell'Apprendimento Basato sui Progetti

ChatGPT può facilitare l'apprendimento basato sui progetti personalizzando i progetti per riflettere gli interessi individuali degli studenti e le sfide del mondo reale rilevanti per le loro comunità. Questo approccio non solo aumenta l'engagement degli studenti ma incoraggia anche l'applicazione pratica delle conoscenze, rafforzando l'apprendimento e contribuendo allo sviluppo di soluzioni creative ai problemi locali e globali.

Supporto alla Riflessione e all'Autovalutazione

Utilizzando ChatGPT, gli educatori possono incoraggiare gli studenti a impegnarsi in processi di riflessione e autovalutazione, guidandoli attraverso domande che stimolano la riflessione su ciò che hanno imparato, i progressi compiuti e le aree per il miglioramento. Questo promuove un apprendimento metacognitivo, aiutando gli studenti a diventare apprendenti più consapevoli e autonomi.

Estensione dell'Apprendimento Oltre la Classe

ChatGPT può estendere l'opportunità di apprendimento oltre i confini fisici della classe, fornendo agli studenti accesso a risorse educative, sfide di apprendimento e supporto tutoriale in qualsiasi momento e luogo. Questo accesso on-demand all'educazione supporta l'apprendimento continuo e permette agli studenti di esplorare interessi personali in profondità, al di fuori del curriculum standard.

Promozione della Diversità e dell'Inclusione Culturale

Attraverso la generazione di materiali didattici e risorse che riflettono una vasta gamma di culture, prospettive e esperienze, ChatGPT può aiutare a promuovere la diversità e l'inclusione nell'ambiente educativo. Questo non solo arricchisce l'esperienza di apprendimento degli studenti ma li prepara anche a

operare e contribuire in un mondo globalmente
interconnesso.

Supporto alla Transizione Educativa

ChatGPT può assistere gli studenti nelle transizioni
educative, sia che si tratti del passaggio dalla scuola
primaria alla secondaria, dall'istruzione secondaria
all'università o dal mondo accademico al lavoro.
Fornendo orientamento personalizzato, risorse di
preparazione e strategie di adattamento, ChatGPT può
rendere queste transizioni meno intimidatorie e più
gestibili per gli studenti.

Facilitazione della Ricerca Interdisciplinare

Infine, ChatGPT può facilitare la ricerca
interdisciplinare tra studenti e accademici,
promuovendo la collaborazione tra diversi campi di
studio. Generando idee di ricerca, collegamenti tra
discipline e proposte di progetti collaborativi, ChatGPT
può aiutare a rompere i silos accademici e incoraggiare
approcci innovativi alla risoluzione dei problemi
complessi.

Con queste e molte altre applicazioni potenziali, è
chiaro che l'integrazione di ChatGPT nell'educazione
porta con sé la promessa di un apprendimento più
personalizzato, accessibile e coinvolgente. Man mano
che educatori e studenti esplorano eadattano questa
tecnologia, si aprono nuovi orizzonti per l'istruzione,
caratterizzati da un maggiore coinvolgimento degli
studenti, approcci didattici innovativi e risultati di

apprendimento migliorati. ChatGPT non solo trasforma il modo in cui l'informazione viene presentata e assimilata dagli studenti, ma rivoluziona anche il ruolo degli insegnanti, che possono ora concentrarsi su aspetti più profondi dell'insegnamento e dell'apprendimento, come la facilitazione dell'indagine critica, la promozione della creatività e il sostegno allo sviluppo personale degli studenti.

La personalizzazione dell'apprendimento, resa possibile su vasta scala grazie a ChatGPT, assicura che ogni studente possa seguire un percorso educativo che rispecchia i propri interessi, punti di forza e aree di miglioramento. Questo approccio individualizzato non solo aumenta la motivazione e l'engagement degli studenti, ma garantisce anche che l'istruzione sia rilevante e significativa per ciascun individuo, preparandoli efficacemente per il futuro.

Inoltre, l'utilizzo di ChatGPT nell'educazione apre le porte a un apprendimento senza confini, dove studenti di diverse parti del mondo possono interagire, collaborare e imparare gli uni dagli altri. Questa interconnessione globale arricchisce l'esperienza educativa, promuovendo la comprensione interculturale e preparando gli studenti a vivere e lavorare in una società sempre più globale.

La capacità di ChatGPT di offrire supporto didattico e tutoraggio su richiesta, inoltre, assicura che gli studenti ricevano l'assistenza di cui hanno bisogno esattamente quando ne hanno bisogno, eliminando ostacoli all'apprendimento e accelerando il progresso. Questo livello di accessibilità e supporto è particolarmente prezioso in contesti dove le risorse educative sono limitate o dove gli studenti devono bilanciare lo studio con altre responsabilità.

Infine, l'impiego di ChatGPT stimola l'innovazione nell'ambito educativo, incoraggiando sia gli studenti che gli insegnanti a sperimentare nuove metodologie didattiche, a esplorare campi di studio emergenti e a sviluppare soluzioni creative ai problemi. Questo spirito di innovazione e curiosità intellettuale è essenziale per affrontare le sfide del XXI secolo.

In conclusione, l'integrazione di ChatGPT nel settore dell'educazione rappresenta una svolta significativa, con il potenziale per rendere l'apprendimento più personalizzato, accessibile e trasformativo. Man mano che esploriamo e sfruttiamo le sue capacità, abbiamo l'opportunità di costruire un futuro educativo in cui ogni studente può raggiungere il proprio potenziale massimo, sostenuto da tecnologie che arricchiscono e amplificano l'esperienza di apprendimento.

12. Generazione di Idee e Brainstorming: Come ChatGPT può essere utilizzato per generare nuove idee di business, prodotti e servizi innovativi.

L'utilizzo di ChatGPT per la generazione di idee e il brainstorming apre un mondo di possibilità per imprenditori, aziende e team di sviluppo prodotto. Grazie alla sua vasta conoscenza e capacità di elaborazione del linguaggio naturale, ChatGPT può aiutare a superare i blocchi creativi, esplorare nuovi territori e accelerare il processo di innovazione. Ecco come ChatGPT può essere sfruttato per generare nuove idee di business, prodotti e servizi innovativi:

Espansione del Pensiero Creativo

ChatGPT può fungere da partner nel brainstorming, suggerendo idee che potrebbero non essere immediatamente evidenti. Può generare una vasta gamma di proposte basate su prompt iniziali, spingendo gli utenti a considerare angolazioni e prospettive diverse. Questo aiuto nel pensiero laterale può spesso portare alla scoperta di concetti innovativi che differiscono dai soliti schemi di pensiero.

Analisi di Tendenze e Dati di Mercato

Sfruttando la capacità di ChatGPT di accedere e analizzare enormi quantità di informazioni, le aziende possono identificare tendenze emergenti, bisogni insoddisfatti dei consumatori e opportunità di mercato non sfruttate. ChatGPT può elaborare dati di mercato, report di ricerca, discussioni sui social media e recensioni dei clienti, fornendo insight che possono ispirare nuove idee di business e innovazioni di prodotto.

Facilitazione della Collaborazione

ChatGPT può essere utilizzato come strumento di collaborazione, facilitando la generazione di idee e il brainstorming tra team distribuiti geograficamente. Fornendo una piattaforma per la condivisione e l'elaborazione di idee, ChatGPT può aiutare i team a costruire su proposte esistenti, integrare diverse prospettive e arrivare a soluzioni innovative attraverso un approccio collaborativo.

Simulazione di Feedback del Cliente

ChatGPT può simulare le risposte dei clienti a idee di prodotti o servizi proposti, aiutando le aziende a valutare la potenziale reazione del mercato prima di impegnarsi in costosi processi di sviluppo. Questo tipo di feedback simulato può essere prezioso per rifinire le idee, identificare potenziali ostacoli e affinare i concetti per meglio soddisfare le aspettative dei clienti.

Generazione di Prototipi di Idee

ChatGPT può assistere nella creazione rapida di prototipi di idee verbali o concettuali, permettendo una visualizzazione preliminare di nuovi prodotti o servizi. Questi prototipi possono servire come base per ulteriori discussioni e raffinamenti, accelerando il processo di iterazione e sviluppo delle idee.

Supporto alla Decisione Strategica

Utilizzando ChatGPT per analizzare i vantaggi, gli svantaggi e i potenziali rischi associati a diverse idee di business, le aziende possono prendere decisioni più informate riguardo a quali concetti perseguire. Questo supporto alla decisione strategica basato su dati può aiutare a minimizzare i rischi e massimizzare le possibilità di successo dei nuovi iniziative.

Ispezione di Casi Studio e Successi di Mercato

ChatGPT può fornire accesso a casi di studio e storie di successo relativi a prodotti o servizi simili nel mercato. Analizzando questi esempi, le aziende possono imparare da ciò che ha funzionato (o non ha funzionato) per altri, trarre ispirazione per nuove idee e adattare le strategie di successo al proprio contesto unico.

Facilitazione dell'Apprendimento Continuo

Infine, l'utilizzo di ChatGPT per rimanere aggiornati sulle ultime ricerche, tecnologie emergenti e best practice del settore può alimentare un ciclo continuo di apprendimento e innovazione. Mantenendo una mentalità aperta e curiosa, le aziende possono sfruttare ChatGPT non solo per generare nuove idee ma anche per continuare a evolversi e adattarsi in un ambiente di business in rapido cambiamento.

In conclusione, ChatGPT offre strumenti potenti per la generazione di idee e il brainstorming, agendo come un catalizzatore per l'innovazione e la creatività.

Attraverso l'interazione con ChatGPT, le aziende possono superare i limiti tradizionali del pensiero, esplorare una moltitudine di possibilità e scoprire soluzioni innovative che potrebbero non essere state considerate in precedenza.

Stimolazione della Creatività attraverso la Diversità di Input

ChatGPT può introdurre una diversità di input e prospettive che stimolano la creatività, attingendo a un vasto database di conoscenze su culture, industrie e discipline diverse. Questo arricchimento culturale e interdisciplinare può ispirare approcci innovativi ai problemi di business, incoraggiando le aziende a pensare oltre i confini tradizionali e a esplorare nuove frontiere di innovazione.

Implementazione di Workshop Virtuali

Utilizzando ChatGPT, le aziende possono implementare workshop virtuali di brainstorming, facilitando la generazione di idee in tempo reale tra i partecipanti da diverse ubicazioni geografiche. Questi workshop possono sfruttare la capacità di ChatGPT di generare idee, fornire feedback e stimolare la discussione, rendendo il processo di brainstorming più dinamico e produttivo.

Raffinamento delle Idee attraverso l'Iterazione

ChatGPT può aiutare nel processo di iterazione e raffinamento delle idee, offrendo feedback e suggerimenti per miglioramenti basati su analisi logica e dati esistenti. Questo processo iterativo assicura che le idee vengano esaminate e perfezionate prima di procedere con lo sviluppo, aumentando le probabilità di successo nel mercato.

Esplorazione di Scenari Futuri

Le aziende possono utilizzare ChatGPT per esplorare e simulare scenari futuri, valutando come le tendenze emergenti potrebbero influenzare nuove idee di business, prodotti o servizi. Questa analisi prospettica aiuta le aziende a anticipare cambiamenti, adattarsi in modo proattivo e posizionarsi strategicamente per il successo futuro.

Valutazione del Rischio e dell'Impatto

ChatGPT può assistere nella valutazione del rischio e dell'impatto associati a nuove idee di business, analizzando potenziali sfide, ostacoli regolamentari e implicazioni etiche. Questa valutazione informata aiuta le aziende a prendere decisioni ponderate, minimizzando i rischi e assicurando che le nuove iniziative siano sostenibili e responsabili.

Sviluppo di Competenze di Pensiero Critico

Interagire con ChatGPT nel processo di generazione di idee può anche sviluppare le competenze di pensiero critico nei team, poiché sono incoraggiati a valutare le proposte, a formulare argomentazioni logiche e a prendere decisioni basate su evidenze. Questo rinforza una cultura aziendale che valuta l'innovazione consapevole e il processo decisionale informato.

Creazione di Comunità di Innovazione

Infine, ChatGPT può essere utilizzato per creare e sostenere comunità online di innovazione, dove individui e team possono condividere idee, ispirazione e risorse. Queste comunità possono diventare incubatori di innovazione, promuovendo la collaborazione aperta e accelerando lo sviluppo di nuovi business, prodotti e servizi innovativi.

In conclusione, l'impiego di ChatGPT nel processo di generazione di idee e brainstorming non solo amplifica le capacità creative individuali e collettive ma offre anche una struttura per esplorare sistematicamente il potenziale di nuove iniziative. Man mano che le aziende continuano a navigare in un panorama competitivo in rapida evoluzione, gli strumenti come ChatGPT diventano essenziali per sostenere l'innovazione continua e lo sviluppo di soluzioni veramente rivoluzionarie.

Ampliamento delle Capacità di Brainstorming Multidisciplinare

ChatGPT può facilitare il brainstorming multidisciplinare coinvolgendo esperti di diversi campi, generando idee che attingono a una vasta gamma di conoscenze e esperienze. Questo approccio interdisciplinare arricchisce il processo creativo, portando a soluzioni innovative che potrebbero non emergere in un contesto monodisciplinare.

Sfruttamento delle Tecnologie Emergenti

Attraverso l'utilizzo di ChatGPT, le aziende possono esplorare come le tecnologie emergenti potrebbero essere applicate per creare nuovi prodotti, servizi o modelli di business. ChatGPT può fornire informazioni sulle ultime innovazioni in campi come l'intelligenza artificiale, la blockchain, l'IoT (Internet delle Cose) e oltre, stimolando idee su come queste tecnologie possano essere sfruttate per risolvere problemi esistenti o aprire nuovi mercati.

Ottimizzazione dei Processi di Feedback

ChatGPT può semplificare e ottimizzare il processo di raccolta e analisi del feedback, sia interno che esterno. Ciò include il feedback dei clienti, dei partner o degli stakeholder interni su idee proposte, consentendo una valutazione rapida della loro fattibilità, desiderabilità e praticità. Questo processo continuo di feedback aiuta a perfezionare e validare le idee in fase iniziale, riducendo il tempo e le risorse spese per lo sviluppo di concetti meno promettenti.

Creazione di Narrazioni e Storytelling

La capacità di ChatGPT di creare narrazioni e storytelling può essere sfruttata per costruire intorno a nuove idee storie coinvolgenti che catturino l'interesse e l'immaginazione di clienti, investitori o altri stakeholder chiave. Questo può essere particolarmente utile per presentazioni, proposte di finanziamento o campagne di marketing, dove la capacità di narrare efficacemente l'idea e il suo potenziale impatto può fare la differenza.

Supporto nella Prototipazione Rapida di Idee

ChatGPT può assistere nella fase di prototipazione rapida, generando descrizioni dettagliate, specifiche tecniche o addirittura codice iniziale per prototipi di software. Questo accelerare il processo di sviluppo, permettendo ai team di testare e iterare su idee con maggiore velocità, e di fallire rapidamente con quelli meno promettenti, concentrandosi sulle opportunità più valide.

Integrazione con Altri Strumenti di AI

L'integrazione di ChatGPT con altri strumenti di intelligenza artificiale e piattaforme di dati può ampliare ulteriormente il suo potenziale per la generazione di idee. Ad esempio, l'uso combinato di ChatGPT con strumenti di analisi predittiva o di elaborazione del linguaggio naturale può fornire insight ancora più profondi e dettagliati, arricchendo il processo di brainstorming con analisi di tendenze, previsioni di mercato e riconoscimento di pattern.

Sviluppo di Ecosistemi Innovativi

Infine, ChatGPT può aiutare a sviluppare e mantenere ecosistemi innovativi, facilitando la condivisione di conoscenze, la collaborazione e la co-creazione tra aziende, istituti di ricerca, start-up e individui. Creando una piattaforma comune per l'innovazione aperta, le aziende possono sfruttare una rete più ampia di talenti e risorse per esplorare nuove idee, accelerando la trasformazione di concetti in realtà tangibili.

Attraverso queste strategie, l'utilizzo di ChatGPT diventa non solo uno strumento per la generazione di idee e il brainstorming, ma un catalizzatore per l'innovazione sostenibile e l'evoluzione continua. Consentendo alle aziende di esplorare il regno delle possibilità con maggiore flessibilità e profondità, ChatGPT pone le basi per un futuro in cui l'innovazione è guidata dalla collaborazione, dalla creatività e da un approccio olistico alla soluzione dei problemi.

Facilitazione dell'Accesso alle Conoscenze Interdisciplinari

ChatGPT può fungere da ponte tra diverse discipline, facilitando l'accesso e l'integrazione delle conoscenze in campi che tradizionalmente non si intersecano. Questo approccio interdisciplinare arricchisce il processo di brainstorming e generazione di idee, promuovendo soluzioni che sfruttano una comprensione più ampia e variegata del mondo, e stimolando l'innovazione in aree inaspettate.

Promozione di Workshop Creativi

ChatGPT può essere utilizzato per guidare workshop creativi, offrendo stimoli e provocazioni che sfidano i partecipanti a pensare oltre i confini consueti. Questi workshop possono essere particolarmente utili per stimolare la creatività collettiva, sfruttando la diversità di pensiero dei partecipanti per esplorare nuovi concetti e approcci.

Supporto nella Mappatura dei Percorsi di Innovazione

Attraverso l'analisi di grandi volumi di dati e tendenze, ChatGPT può aiutare le aziende a mappare i percorsi di innovazione, identificando le traiettorie emergenti e fornendo una guida strategica su come navigare il futuro. Questo può essere particolarmente prezioso per le aziende che cercano di posizionarsi come leader nell'adozione di nuove tecnologie o nell'esplorazione di mercati inediti.

Analisi Competitiva Potenziata

ChatGPT può effettuare analisi competitive dettagliate, fornendo insight su come altre aziende stanno innovando e distinguendosi nel mercato. Queste analisi possono ispirare nuove idee e strategie, aiutando le aziende a identificare opportunità uniche per differenziarsi e ottenere un vantaggio competitivo.

Generazione di Idee Basate su Scenari

Utilizzando ChatGPT per generare scenari futuristici, le aziende possono esplorare una varietà di potenziali futuri e le idee di business, prodotti e servizi che potrebbero emergere come risposta. Questo esercizio di pensiero prospettico può aiutare le aziende a anticipare i cambiamenti, adattarsi proattivamente e pionierizzare nuovi concetti che rispondono alle esigenze future.

Supporto al Pensiero Visivo

Integrando ChatGPT con strumenti di visualizzazione, come mappe mentali o piattaforme di design thinking, può arricchire il processo di brainstorming con elementi visivi che aiutano a concretizzare le idee, facilitare la comprensione e promuovere ulteriori iterazioni creative. Questa combinazione di testo e immagini può rendere il processo di generazione delle idee più dinamico e accessibile a diversi stili di apprendimento.

Valutazione Etica e Sostenibilità delle Idee

ChatGPT può anche assistere nella valutazione delle idee sotto l'aspetto etico e della sostenibilità, incoraggiando le aziende a considerare l'impatto delle loro innovazioni sulle persone, sulla società e sull'ambiente. Questo assicura che le nuove idee non solo siano innovative e potenzialmente redditizie, ma anche responsabili e sostenibili a lungo termine.

Attraverso queste e altre applicazioni, ChatGPT si rivela uno strumento estremamente versatile e potente per la generazione di idee e il brainstorming, offrendo alle aziende le risorse per navigare l'incertezza, anticipare il futuro e costruire innovazioni significative. Con il suo supporto, le aziende sono meglio attrezzate per trasformare la creatività in azione, trasformando idee in soluzioni concrete che possono portare valore reale nel mondo in continua evoluzione di oggi.

Incoraggiamento dell'Esplorazione di Nicchie di Mercato

ChatGPT può aiutare le aziende ad esplorare e valutare nicchie di mercato potenzialmente inesplorate o sottoservite. Generando idee basate su analisi dettagliate dei dati dei consumatori, tendenze emergenti e gap di mercato, le aziende possono identificare opportunità uniche per innovare in settori specifici. Questo approccio mirato consente di sviluppare prodotti o servizi che rispondono precisamente ai bisogni di segmenti di mercato ben definiti, aumentando la probabilità di successo.

Sviluppo di Prototipi Linguistici

Per le aziende che lavorano su prodotti digitali, come app o piattaforme web, ChatGPT può essere utilizzato per sviluppare rapidamente prototipi linguistici o mockup di interfacce utente basate sul testo. Questo permette ai team di design e sviluppo di testare concetti di interazione utente, dialoghi e flussi di lavoro prima della programmazione effettiva, risparmiando tempo e risorse e permettendo iterazioni rapide basate sul feedback.

Generazione di Contenuti per Test di Mercato

ChatGPT può produrre rapidamente una varietà di contenuti marketing per testare la reazione del pubblico a nuove idee di prodotto o business. Creando annunci pubblicitari, post per blog, newsletter e altri materiali di marketing, le aziende possono valutare l'interesse e l'attrattiva delle loro idee presso diversi segmenti di pubblico, affinando la loro strategia e messaggi in base al feedback ricevuto.

Facilitazione dell'Analisi SWOT

Le aziende possono utilizzare ChatGPT per facilitare l'analisi SWOT (Punti di forza, Punti di debolezza, Opportunità, Minacce) delle loro nuove idee di business. ChatGPT può aiutare a identificare e articolare gli aspetti critici di ogni idea, fornendo una piattaforma per una valutazione strategica completa che consideri fattori interni ed esterni, contribuendo a una pianificazione aziendale più informata e strategica.

Rafforzamento della Coesione del Team

ChatGPT può rafforzare la coesione del team e il morale coinvolgendo tutti i membri del team nel processo di brainstorming e generazione di idee. Fornendo un ambiente inclusivo dove ogni voce può essere ascoltata e ogni proposta valutata, ChatGPT promuove un senso di appartenenza e contributo tra i membri del team, stimolando la collaborazione e l'innovazione collettiva.

Stimolazione dell'Apprendimento Organizzativo

L'utilizzo di ChatGPT per la generazione di idee incoraggia l'apprendimento organizzativo, permettendo alle aziende di documentare e imparare dai processi di brainstorming e innovazione. Questa raccolta di conoscenze diventa una risorsa preziosa per l'azienda, che può essere utilizzata per formare nuovi dipendenti, informare future sessioni di brainstorming e costruire una base di conoscenze collettive.

Promozione della Trasparenza nel Processo Creativo

ChatGPT può promuovere la trasparenza nel processo creativo documentando e archiviando le sessioni di brainstorming e le discussioni relative allo sviluppo di nuove idee. Questo assicura che tutti i contributi siano riconosciuti e che ci sia una chiara tracciabilità delle decisioni e delle iterazioni, facilitando la comunicazione interna e rafforzando la fiducia all'interno dell'organizzazione.

In conclusione, l'integrazione di ChatGPT nel processo di generazione di idee e brainstorming offre alle aziende una potente leva per sbloccare il potenziale creativo e innovativo. Fornendo strumenti per esplorare nuove opportunità, valutare idee, stimolare la collaborazione e apprendere dal processo, ChatGPT si rivela un alleato indispensabile nell'era dell'innovazione continua. Con la sua assistenza, le aziende non solo possono generare idee rivoluzionarie ma anche trasformarle in realtà tangibili che guidano il successo e la crescita sostenibile nel lungo termine.

Accelerazione del Time-to-Market

Utilizzando ChatGPT per perfezionare rapidamente idee e concetti, le aziende possono accelerare significativamente il loro time-to-market. ChatGPT può aiutare a identificare rapidamente potenziali intoppi, suggerire modifiche e miglioramenti, e ottimizzare i processi decisionali, permettendo così alle aziende di passare dall'idea al prodotto finito in tempi più brevi. Questo vantaggio competitivo è cruciale in mercati ad alta velocità dove il primo arrivato può spesso assicurarsi una quota di mercato significativa.

Sviluppo di Strategie di Proprietà Intellettuale

ChatGPT può assistere le aziende nello sviluppo di strategie di proprietà intellettuale per le nuove idee di business, prodotti e servizi innovativi. Generando panorami preliminari delle esistenti brevetti e della letteratura scientifica, può aiutare a identificare aree non ancora esplorate e potenzialmente brevettabili, guidando una strategia di protezione della proprietà intellettuale che salvaguardi le innovazioni aziendali.

Potenziamento dell'Analisi Competitiva

Oltre all'analisi SWOT, ChatGPT può effettuare analisi competitive approfondite per valutare come nuove idee si posizionino rispetto ai prodotti, servizi e strategie dei concorrenti. Questa comprensione dettagliata del paesaggio competitivo permette alle aziende di affinare le loro proposte di valore, distinguersi dalla concorrenza e identificare spazi di mercato poco saturati o opportunità di differenziazione.

Miglioramento del Coinvolgimento del Cliente

ChatGPT può essere impiegato per coinvolgere i clienti nel processo di innovazione, invitandoli a condividere feedback, idee e suggerimenti. Questo coinvolgimento diretto non solo arricchisce il pool di idee con insight preziosi dal punto di vista dei clienti ma rafforza anche la relazione tra l'azienda e i suoi clienti, costruendo fiducia e lealtà e incoraggiando una cultura di innovazione aperta e collaborativa.

Supporto per la Diversificazione dei Prodotti

Per le aziende interessate alla diversificazione dei prodotti, ChatGPT può suggerire idee e strategie per esplorare nuovi segmenti di mercato o sviluppare linee di prodotto aggiuntive. Analizzando tendenze di mercato, dati demografici dei consumatori e modelli di consumo, ChatGPT può identificare opportunità di diversificazione che allineano con gli obiettivi aziendali e le capacità produttive, guidando la crescita attraverso l'innovazione.

Facilitazione della Gestione del Cambiamento

In periodi di transizione o riorganizzazione aziendale, ChatGPT può svolgere un ruolo chiave nella facilitazione della gestione del cambiamento, generando comunicazioni, strategie di formazione e materiali di supporto che aiutano a navigare il cambiamento. Può anche suggerire idee per minimizzare le resistenze interne, promuovere l'adozione di nuove pratiche e mantenere alta la motivazione dei team durante il processo di trasformazione.

Stimolazione dell'Economia Circolare

Infine, ChatGPT può aiutare le aziende ad esplorare idee e modelli di business che supportano l'economia circolare, suggerendo strategie per minimizzare gli sprechi, promuovere il riutilizzo dei materiali e ottimizzare la sostenibilità dei prodotti. Questo non solo contribuisce a un impatto ambientale positivo ma può anche aprire nuove opportunità di mercato e migliorare l'immagine aziendale tra i consumatori sempre più consapevoli dell'ambiente.

In sintesi, l'adozione di ChatGPT nel processo di generazione di idee e brainstorming rappresenta una frontiera entusiasmante per le aziende che cercano di rimanere all'avanguardia nell'innovazione. Offrendo strumenti per esplorare, valutare e raffinare le idee con un'efficienza senza precedenti, ChatGPT si posiziona come un catalizzatore essenziale per l'innovazione aziendale. Le sue capacità di generare, iterare e arricchire le idee permettono alle aziende di navigare con successo attraverso il complesso paesaggio dell'innovazione, trasformando le sfide in opportunità e le visioni in realtà tangibili.

Attraverso l'utilizzo di ChatGPT, le organizzazioni possono superare i limiti tradizionali del brainstorming e della generazione di idee, accedendo a un flusso costante di ispirazione che alimenta la creatività e il pensiero strategico. Questo processo non solo accelera la scoperta di nuove opportunità di business, ma rafforza anche la capacità delle aziende di rispondere in modo proattivo e agile alle tendenze emergenti e alle esigenze dei consumatori.

La flessibilità e la scalabilità di ChatGPT rendono questa tecnologia uno strumento prezioso per aziende di tutte le dimensioni, dalle startup agli conglomerati globali, permettendo loro di sfruttare l'intelligenza artificiale per guidare l'innovazione in ogni aspetto delle loro operazioni. Dall'esplorazione di nuovi mercati alla creazione di prodotti rivoluzionari, dalla strategia di comunicazione al coinvolgimento dei clienti, ChatGPT offre una gamma di possibilità per reinventare e rinnovare.

Inoltre, la capacità di ChatGPT di promuovere la collaborazione tra diverse discipline e culture aggiunge un ulteriore strato di valore, catalizzando l'innovazione attraverso la diversità di pensiero e la condivisione delle conoscenze. Questo approccio collaborativo non solo arricchisce il processo di generazione delle idee ma crea anche un ambiente fertile per l'innovazione sostenibile e inclusiva.

Infine, l'impiego di ChatGPT nel processo di innovazione segna un passo avanti verso un futuro in cui la tecnologia e l'umanità collaborano strettamente per affrontare le sfide globali e realizzare potenziali inesplorati. Con la sua guida, le aziende non solo possono aspirare a raggiungere nuovi traguardi di successo ma possono anche contribuire positivamente al progresso sociale, economico e ambientale.

In conclusione, ChatGPT si rivela un alleato fondamentale nell'era dell'innovazione continua, offrendo alle aziende le risorse necessarie per sfruttare appieno il loro potenziale creativo e trasformare le idee audaci in soluzioni innovative che guidano il cambiamento, definiscono il futuro del business e plasmano il mondo di domani.

13. ChatGPT per la Scrittura Creativa: Utilizzo di ChatGPT per scrivere racconti, poesie, sceneggiature e altro ancora, superando il blocco dello scrittore.

L'uso di ChatGPT nella scrittura creativa apre nuovi orizzonti per scrittori, poeti, sceneggiatori e creatori di contenuti di ogni genere. Con la sua capacità di generare testi in una varietà di stili e formati, ChatGPT può diventare un prezioso alleato nella lotta contro il blocco dello scrittore, stimolando l'ispirazione e offrendo nuove prospettive. Ecco come ChatGPT può essere utilizzato per rivoluzionare il processo creativo:

Generazione di Idee e Temi

ChatGPT può essere utilizzato per generare idee, temi e premesse per racconti, poesie, sceneggiature e altri tipi di testi creativi. Fornendo spunti originali o combinando elementi in modi inaspettati, ChatGPT può aiutare a scatenare la creatività e offrire un punto di partenza solido per ulteriori sviluppi.

Sviluppo di Personaggi

La creazione di personaggi complessi e multidimensionali è fondamentale nella scrittura creativa. ChatGPT può assistere nello sviluppo di biografie dettagliate dei personaggi, aiutando a definire le loro personalità, storie passate, motivazioni e dinamiche relazionali. Questo approfondimento dei personaggi può arricchire la narrazione e rendere la storia più coinvolgente.

Costruzione di Dialoghi

Scrivere dialoghi naturali e credibili può essere una sfida. ChatGPT può essere utilizzato per generare esempi di dialoghi che catturano varie voci e toni, fornendo ispirazione per conversazioni che suonino autentiche e contribuiscano efficacemente alla trama e allo sviluppo dei personaggi.

Esplorazione di Strutture Narrative

ChatGPT può aiutare gli scrittori a esplorare diverse strutture narrative, offrendo esempi di schemi di trama, sequenze di eventi e risoluzioni. Questa flessibilità permette agli scrittori di sperimentare con vari approcci narrativi, trovando la struttura più adatta per raccontare la loro storia in modo efficace.

Superamento del Blocco dello Scrittore

Uno degli usi più preziosi di ChatGPT nella scrittura creativa è la sua capacità di aiutare a superare il blocco dello scrittore. Generando continuamente idee, frasi e paragrafi, ChatGPT può stimolare la creatività e mantenere il flusso di scrittura, permettendo agli scrittori di avanzare nei loro progetti.

Revisione e Espansione del Testo

ChatGPT può offrire suggerimenti per la revisione e l'espansione di bozze esistenti, suggerendo nuovi sviluppi della trama, approfondimenti dei personaggi o miglioramenti stilistici. Questo feedback può essere inestimabile per raffinare e arricchire il testo, elevando la qualità del lavoro finito.

Ispirazione per Poesie

Per i poeti, ChatGPT può servire come fonte di ispirazione, generando versi, immagini poetiche o intere poesie che possono essere utilizzate come punto di partenza per creazioni originali. L'ampia conoscenza di ChatGPT di forme poetiche e tecniche stilistiche può aprire nuove vie espressive.

Supporto per Sceneggiature

Gli sceneggiatori possono utilizzare ChatGPT per sviluppare trame, creare schemi di episodi, o generare idee per scene. ChatGPT può anche assistere nella formattazione delle sceneggiature secondo gli standard del settore, semplificando il processo di scrittura e garantendo che i documenti finali siano professionali.

In conclusione, l'utilizzo di ChatGPT nella scrittura creativa offre un ampio spettro di possibilità per esplorare nuove idee, superare ostacoli e arricchire il processo creativo. Che si tratti di comporre una poesia, di delineare un romanzo, di scrivere una sceneggiatura o semplicemente di trovare l'ispirazione per iniziare, ChatGPT si rivela un compagno creativo inestimabile, capace di aprire porte a mondi immaginari precedentemente inesplorati.

Ampliamento della Ricerca Tematica

ChatGPT può assistere gli scrittori nella ricerca tematica, offrendo informazioni dettagliate e contestuali su un'ampia varietà di argomenti. Questo può arricchire la narrazione con dettagli autentici e accurati, aumentando l'immersione del lettore nel mondo della storia.

Esplorazione di Generi e Stili Narrativi

Grazie alla sua versatilità, ChatGPT può aiutare gli scrittori ad esplorare diversi generi e stili narrativi, suggerendo modi per miscelare elementi di generi differenti o adottare nuove tecniche stilistiche. Questo processo di sperimentazione può portare alla creazione di opere uniche che spiccano nel panorama letterario.

Supporto nella Creazione di Mondi

La world-building, o creazione di mondi, è un elemento chiave nella scrittura di fantasy, fantascienza e altri generi narrativi. ChatGPT può generare descrizioni dettagliate di paesaggi, sistemi politici, società e culture immaginarie, fornendo una solida base su cui costruire narrazioni coinvolgenti e coerenti.

Assistenza nella Scrittura Lirica

Per i compositori e i parolieri, ChatGPT può offrire assistenza nella scrittura di testi musicali, suggerendo rime, metafore e immagini liriche che possono essere adattate a vari stili musicali. Questo supporto può accelerare il processo creativo e ispirare testi musicali profondi e ricchi di significato.

Fornitura di Esercizi di Scrittura

ChatGPT può proporre esercizi di scrittura creativa personalizzati, aiutando gli scrittori a sviluppare specifiche competenze narrative o a esplorare nuovi territori creativi. Questi esercizi possono servire come warm-up creativi o come strumenti di apprendimento per affinare l'arte della scrittura.

Creazione di Sinossi e Query Letter

Per gli scrittori che cercano di pubblicare il loro lavoro, ChatGPT può assistere nella creazione di sinossi e query letter convincenti per editori e agenti letterari. Questo può semplificare il processo di presentazione del manoscritto, aumentando le possibilità di catturare l'interesse del settore editoriale.

Generazione di Titoli e Sottotitoli

ChatGPT può suggerire titoli e sottotitoli accattivanti per opere creative, che catturano l'essenza della storia e attirano l'attenzione dei potenziali lettori. Un titolo efficace è fondamentale per distinguere un'opera in un mercato affollato e può contribuire significativamente al suo successo.

Valutazione e Feedback Preliminare

Infine, ChatGPT può fornire una valutazione preliminare e feedback sulle bozze, offrendo suggerimenti per miglioramenti o evidenziando punti di forza e di debolezza. Questo feedback immediato può essere prezioso per gli scrittori in fase di revisione, aiutandoli a perfezionare il loro lavoro prima di sottoporlo a lettori beta o editori.

In sintesi, l'impiego di ChatGPT nella scrittura creativa non solo offre una risorsa preziosa per superare il blocco dello scrittore, ma apre anche infinite possibilità per arricchire e raffinare l'opera creativa. Gli scrittori di ogni genere possono trarre vantaggio dalla collaborazione con questa tecnologia, sfruttandola per esplorare nuovi orizzonti creativi e portare le loro visioni narrative alla vita con maggiore facilità e profondità.

Supporto nella Ricerca di Pubblicazione

Per gli scrittori al termine del loro processo creativo, ChatGPT può fornire assistenza nella ricerca delle migliori opzioni di pubblicazione, sia essa tradizionale o self-publishing. Analizzando le tendenze del mercato editoriale, può suggerire case editrici o piattaforme di autopubblicazione che meglio si adattano allo stile e al genere dell'opera, nonché strategie per aumentare la visibilità e il successo del libro una volta pubblicato.

Creazione di Materiali di Marketing

Una volta completata l'opera, ChatGPT può aiutare nella creazione di materiali di marketing, come post per blog, contenuti per i social media, e comunicati stampa, che raccontino la storia dietro al libro e ne promuovano le vendite. Questo supporto nel marketing dei contenuti è essenziale per costruire un pubblico e generare interesse intorno all'opera pubblicata.

Sviluppo di Comunità di Lettori

ChatGPT può assistere gli scrittori nello sviluppo di comunità di lettori, suggerendo strategie per coinvolgere i fan attraverso forum online, social media, e incontri virtuali. Creare una comunità solida non solo aumenta la fedeltà dei lettori ma può anche fornire un feedback prezioso per future opere creative.

Assistenza nella Creazione di Book Trailer

Per catturare l'attenzione in modi visivamente accattivanti, ChatGPT può offrire idee e script per la creazione di book trailer, una forma di marketing sempre più popolare che utilizza video brevi per suscitare interesse verso nuovi libri. Questi trailer possono essere condivisi sui social media o su siti di editori e autori per raggiungere un ampio pubblico.

Generazione di Idee per Serie o Sequel

Quando una storia ha il potenziale per espandersi oltre un singolo volume, ChatGPT può generare idee per potenziali serie o sequel, delineando trame future e sviluppando ulteriormente l'universo narrativo e i suoi personaggi. Questo aiuta gli scrittori a mantenere l'interesse e l'impegno dei lettori nel lungo termine.

Supporto nella Pianificazione di Eventi di Lancio

ChatGPT può offrire suggerimenti e strategie per la pianificazione di eventi di lancio efficaci, sia online che fisici. Questi eventi possono essere cruciali per generare buzz intorno a una nuova pubblicazione, e ChatGPT può aiutare a ideare formati unici di eventi che attirino l'attenzione dei media e dei lettori.

Offerta di Soluzioni per l'Autopromozione

Per gli scrittori che si autopubblicano, ChatGPT può offrire consigli su come autopromuoversi in modo efficace, suggerendo tecniche di branding personale, networking e presenza online. Questi consigli sono fondamentali per costruire una base di lettori solida e distinguersi in un mercato affollato.

Creazione di Contenuti Aggiuntivi

Infine, ChatGPT può aiutare gli scrittori a creare contenuti aggiuntivi che arricchiscano l'esperienza di lettura, come guide allo studio, domande per club del libro, o materiale bonus esclusivo per i lettori. Questi contenuti non solo aumentano il valore dell'opera ma incentivano anche la condivisione e la discussione tra i lettori.

In conclusione, l'utilizzo di ChatGPT nella scrittura creativa e nel processo di pubblicazione offre una vasta gamma di possibilità per esplorare, dalla generazione dell'idea iniziale alla promozione dell'opera finita. La tecnologia non sostituisce la visione unica e la voce dello scrittore, ma agisce come un potente strumento di supporto che può liberare potenziale creativo, facilitare il processo di scrittura e massimizzare le opportunità di successo nel mondo letterario.

Ottimizzazione dei Processi di Revisione

ChatGPT può assistere notevolmente nel processo di revisione, offrendo suggerimenti per migliorare la fluidità del testo, la coerenza narrativa e la profondità emotiva. Attraverso l'analisi del testo, può indicare ripetizioni, incongruenze o aree che potrebbero beneficiare di ulteriori dettagli o chiarimenti, rendendo la fase di editing più efficiente e meno onerosa.

Sperimentazione con Forme Letterarie

Gli scrittori possono utilizzare ChatGPT per sperimentare con forme letterarie diverse, esplorando varie strutture narrative, dall'epistolario al diario, dalla prosa poetica al monologo interiore. Questa esplorazione può stimolare la creatività, spingendo gli scrittori a uscire dalla propria zona di comfort e a scoprire nuove modalità espressive.

Creazione di Esercizi di Stile

ChatGPT può generare esercizi di stile, sfidando gli scrittori a riscrivere lo stesso brano in diversi toni o stili, o da prospettive diverse. Questo tipo di esercizio non solo affina le abilità linguistiche ma incoraggia anche una maggiore flessibilità creativa, elemento cruciale nella scrittura creativa.

Approfondimento di Contesti Storici e Culturali

Per racconti che richiedono accurati contesti storici o culturali, ChatGPT può offrire approfondimenti e dettagli che arricchiscono la narrazione. Che si tratti di usanze di un'epoca passata, dettagli geografici di una certa regione o elementi di una cultura specifica, ChatGPT può aiutare a dare autenticità e profondità al setting della storia.

Implementazione di Tecniche Narrative Avanzate

ChatGPT può introdurre gli scrittori a tecniche narrative avanzate e meno convenzionali, come il flusso di coscienza, il racconto non lineare o la narrazione a più voci. Queste tecniche possono aprire nuovi orizzonti creativi e offrire modalità innovative per coinvolgere il lettore.

Assistenza nella Costruzione di Metafore e Simbolismi

ChatGPT può essere un ottimo alleato nella costruzione di metafore, simbolismi e altri dispositivi letterari che arricchiscono il testo, conferendo maggiore profondità e varietà linguistica. Gli scrittori possono sfruttare questa capacità per migliorare la qualità poetica della loro prosa o per tessere complessi significati simbolici nelle loro narrazioni.

Supporto per la Pubblicazione Seriale

Per gli scrittori interessati alla pubblicazione seriale di opere, come romanzi a puntate o serie di racconti, ChatGPT può aiutare nella pianificazione e sviluppo di archi narrativi che si estendono su più pubblicazioni, assicurando coerenza e coinvolgimento del lettore nel tempo.

Valutazione del Potenziale di Adattamento

ChatGPT può anche assistere nella valutazione del potenziale di adattamento delle opere narrative in altri media, come film, serie televisive o giochi. Analizzando la struttura narrativa, i personaggi e il contesto, può offrire insight su come un'opera potrebbe essere trasformata e quali elementi potrebbero necessitare di adattamenti per fit

Promozione della Riflessione Personale

Infine, l'interazione con ChatGPT può promuovere una riflessione personale più profonda negli scrittori, incoraggiandoli a esplorare i propri processi creativi, le motivazioni e le aspirazioni letterarie. Questo livello di introspezione può non solo arricchire la scrittura ma anche contribuire alla crescita personale e professionale dello scrittore.

In sintesi, ChatGPT si rivela un compagno multidimensionale nel viaggio della scrittura creativa, offrendo non solo soluzioni pratiche per superare ostacoli comuni ma anche stimolando una continua evoluzione creativa. Con il suo aiuto, gli scrittori possono non solo affinare le loro opere esistenti ma anche pionierare nuovi territori narrativi, elevando la loro arte a nuovi livelli di espressione e innovazione.

Supporto nella Ricerca di Fonti di Ispirazione

ChatGPT può agire come un catalizzatore per la scoperta di nuove fonti di ispirazione, suggerendo letture, opere d'arte, musiche o esperienze culturali che possono alimentare la creatività dello scrittore. Questa esposizione a un vasto spettro di stimoli creativi può aiutare a scatenare nuove idee o fornire il contesto per approfondire temi esistenti.

Facilitazione del World-Building Collaborativo

Per i generi che richiedono una costruzione complessa del mondo, come la fantascienza o il fantasy, ChatGPT può facilitare il world-building collaborativo, permettendo agli scrittori di elaborare insieme dettagli sui sistemi politici, sociali, e ambientali dei loro mondi immaginari. Questo processo collaborativo può arricchire il setting e fornire una base solida per trame avvincenti.

Assistenza nell'Adattamento di Storie per Diverse Piattaforme

ChatGPT può offrire consulenza su come adattare storie per diverse piattaforme, che si tratti di convertire un romanzo in un'opera teatrale, una sceneggiatura in un romanzo grafico, o una poesia in una canzone. Questa versatilità nell'adattamento apre la strada a forme creative ibride che possono raggiungere e coinvolgere pubblici diversi.

Creazione di Ambientazioni e Descrizioni Vivide

Gli scrittori possono sfruttare ChatGPT per generare ambientazioni e descrizioni vivide che danno vita alle scene narrative. Che si tratti di paesaggi urbani futuristici o di interni domestici intimi, ChatGPT può aiutare a dipingere immagini ricche di dettagli che trasportano il lettore direttamente nel cuore della storia.

Sviluppo di Strategie di Pubblicazione Flessibili

ChatGPT può consigliare strategie di pubblicazione flessibili, adattate alle esigenze e agli obiettivi specifici dello scrittore. Che l'obiettivo sia la pubblicazione tradizionale, l'autopubblicazione, o forme sperimentali di condivisione delle opere, ChatGPT può guidare gli scrittori attraverso le varie opzioni disponibili, aiutandoli a navigare il complesso panorama editoriale.

Ottimizzazione delle Sessioni di Feedback

Utilizzando ChatGPT, gli scrittori possono ottimizzare le sessioni di feedback, preparando domande specifiche e guidando i lettori beta o gli editori attraverso aspetti critici del testo su cui desiderano ricevere commenti. Questo approccio mirato al feedback può rendere la fase di revisione più produttiva e meno soggetta a fraintendimenti o risposte generiche.

Esplorazione di Nuove Forme Letterarie

Con l'aiuto di ChatGPT, gli scrittori possono esplorare e sperimentare con nuove forme letterarie, spingendosi oltre i confini dei generi tradizionali per creare opere che sfidano le convenzioni e stimolano il dibattito. Questa sperimentazione può portare alla nascita di nuovi movimenti letterari o alla riscoperta di forme d'arte dimenticate.

Potenziamento dell'Autenticità Narrativa

Infine, ChatGPT può assistere gli scrittori nel potenziamento dell'autenticità narrativa, suggerendo modi per approfondire la verosimiglianza dei dialoghi, la complessità emotiva dei personaggi, e la coerenza interna della trama. Una narrazione autentica non solo rafforza il legame con il lettore ma eleva anche l'intera opera, rendendola memorabile e significativa.

In conclusione, l'integrazione di ChatGPT nel processo di scrittura creativa rappresenta un'opportunità ineguagliabile per esplorare nuovi orizzonti narrativi, superare barriere creative e realizzare opere di profonda originalità e impatto. Con il suo sostegno, gli scrittori possono non solo navigare attraverso le sfide del processo creativo con maggiore sicurezza ma anche ampliare i confini della loro espressione artistica, scoprendo nuove possibilità narrative e connettendo con il loro pubblico in modi sempre più profondi e significativi.

ChatGPT, con le sue capacità di generazione del linguaggio e di apprendimento, funge da musa digitale che arricchisce il repertorio dello scrittore, offrendo una fonte inesauribile di ispirazione, consigli e supporto. Dalle fasi iniziali di concepimento dell'idea fino alla pubblicazione e promozione, ChatGPT si rivela uno strumento versatile che può trasformare la visione dello scrittore in realtà, spianando la strada a opere che possono ispirare, intrattenere, educare e commuovere.

La collaborazione tra intelligenza umana e artificiale nel campo della scrittura creativa apre nuove frontiere per l'esplorazione del potenziale narrativo, incoraggiando una sinergia tra tecnologia e arte che potenzia l'immaginazione e spinge gli scrittori a superare i propri limiti. L'uso di ChatGPT nella scrittura creativa non solo facilita il superamento del blocco dello scrittore ma incoraggia anche una maggiore sperimentazione e diversità nelle forme narrative, arricchendo il panorama letterario con voci e storie uniche.

In questo contesto dinamico, gli scritori sono invitati a sfruttare ChatGPT non solo come uno strumento per affinare la loro arte ma anche come un partner nella creazione di narrazioni che riflettano la complessità del mondo contemporaneo, risuonando con un'ampia gamma di lettori e contribuendo al dialogo culturale globale.

In definitiva, l'impiego di ChatGPT nella scrittura creativa rappresenta una svolta nel modo in cui le storie vengono raccontate e condivise, offrendo agli scrittori la possibilità di esplorare nuovi territori creativi con fiducia e libertà. Mentre continuiamo a navigare nell'era digitale, la fusione tra creatività umana e intelligenza artificiale promette di inaugurare una nuova era di innovazione letteraria, arricchendo il nostro mondo con narrazioni che sfidano, ispirano e trasformano.

14. Aspetti Legali e Etici dell'uso di ChatGPT: Guida agli aspetti legali e alle questioni etiche relative all'uso di ChatGPT e AI nel business.

L'uso di ChatGPT e altre tecnologie basate sull'intelligenza artificiale (AI) nel business solleva importanti questioni legali ed etiche che le organizzazioni devono considerare per garantire un utilizzo responsabile e conforme. La crescente integrazione dell'AI nei processi aziendali richiede un'attenta riflessione su come queste tecnologie influenzino non solo l'efficienza e l'innovazione ma anche i diritti individuali, la privacy, la trasparenza e la fiducia. Ecco una panoramica degli aspetti legali ed etici legati all'uso di ChatGPT e AI nel business:

Privacy e Protezione dei Dati

Con l'aumento della raccolta e dell'analisi dei dati, la privacy e la protezione dei dati diventano preoccupazioni primarie. Le aziende devono conformarsi a regolamenti come il GDPR nell'Unione Europea, il CCPA in California e altre leggi sulla privacy a livello globale quando utilizzano ChatGPT per elaborare dati personali. È fondamentale assicurare che i dati degli utenti siano raccolti, utilizzati e conservati in modo trasparente e sicuro, garantendo agli individui il controllo sui propri dati.

Proprietà Intellettuale

L'utilizzo di ChatGPT nella generazione di contenuti pone questioni relative alla proprietà intellettuale. Chi detiene i diritti sui testi generati da un'intelligenza artificiale? La legislazione attuale può non essere sufficientemente chiara in merito, e le aziende devono considerare come proteggere e licenziare i contenuti generati dall'AI, nonché comprendere i diritti derivanti da materiali utilizzati come input per la generazione di contenuti.

Responsabilità e Accountability

Determinare la responsabilità per le azioni o i consigli forniti da ChatGPT può essere complesso. In caso di errori, informazioni fuorvianti o dannose generate dall'AI, è cruciale stabilire chi sia ritenuto responsabile: il fornitore della tecnologia AI, l'azienda che la utilizza o entrambi? Le organizzazioni devono valutare i rischi e implementare meccanismi di supervisione e controllo per mitigare potenziali danni.

Trasparenza e Spiegabilità

Garantire la trasparenza sull'uso dell'AI e la capacità di spiegare come le decisioni vengono prese dal sistema è essenziale per costruire fiducia tra le parti interessate. Questo include la capacità di verificare e giustificare i risultati generati dall'AI, specialmente in contesti critici come il finanziamento, l'assunzione e la sanità.

Bias e Equità

L'AI può perpetuare o amplificare bias esistenti nei dati su cui è addestrata. Le aziende devono essere proattive nell'identificare e mitigare i bias, garantendo che l'uso di ChatGPT e tecnologie simili promuova l'equità e non discriminazione. Questo richiede un'attenta selezione e preparazione dei dati, oltre a test e revisioni continui dei sistemi AI.

Impatto Sul Lavoro

L'integrazione dell'AI nei processi aziendali solleva preoccupazioni sull'impatto sul lavoro e sull'occupazione. Le aziende devono considerare come l'automazione influenzi i lavoratori e esplorare modi per riallocare o riqualificare il personale in modo che possano trovare valore aggiunto in altre aree.

Etica dell'Uso

Infine, vi è la questione etica più ampia dell'uso appropriato dell'AI. Le aziende devono riflettere su come e perché scelgono di impiegare ChatGPT, assicurando che il suo uso sia allineato con i valori aziendali e l'etica sociale, e che contribuisca positivamente alla società.

In sintesi, mentre ChatGPT e l'AI offrono opportunità significative per il business, è fondamentale che le aziende navigano con attenzione il paesaggio legale ed etico. Adottando un approccio informato, responsabile e trasparente, le organizzazioni possono massimizzare i benefici dell'AI minimizzando al contempo i rischi e assicurando che l'innovazione tecnologica proceda in modo etico e sostenibile.

Per gestire efficacemente questi aspetti, le aziende dovrebbero sviluppare e implementare politiche e procedure chiare per l'uso di ChatGPT e altre tecnologie AI. Questo include la creazione di linee guida etiche per l'uso dell'AI, la formazione degli stakeholder sui principi etici e legali relativi all'AI, e l'istituzione di team o ruoli dedicati alla governance dell'AI che possano valutare continuamente l'uso dell'AI rispetto ai cambiamenti nel panorama normativo e alle preoccupazioni etiche emergenti.

È altresì essenziale promuovere una cultura di responsabilità e trasparenza all'interno dell'organizzazione, dove le decisioni sull'uso dell'AI siano prese considerando attentamente l'impatto potenziale su individui e società. Ciò implica non solo il rispetto delle leggi esistenti ma anche l'anticipazione di normative future e l'adeguamento proattivo alle migliori pratiche del settore.

Le aziende dovrebbero anche impegnarsi in dialoghi con i regolatori, le parti interessate e la società civile per contribuire alla formazione di un quadro normativo equilibrato che promuova l'innovazione pur proteggendo i diritti e il benessere degli individui. La collaborazione con altre aziende, istituzioni accademiche e organizzazioni non governative può aiutare a sviluppare standard condivisi e promuovere un'adozione etica dell'AI nel settore.

Inoltre, è vitale per le aziende condurre valutazioni d'impatto sull'etica e sulla privacy prima del lancio di nuovi servizi o prodotti basati sull'AI, per identificare e mitigare rischi potenziali. Queste valutazioni dovrebbero essere integrate in un processo di revisione iterativo che tenga conto del feedback degli utenti e di altre parti interessate, assicurando che i prodotti e i servizi AI siano continuamente migliorati in base a considerazioni etiche.

Concludendo, mentre l'uso di ChatGPT e tecnologie simili porta con sé promesse di trasformazione e innovazione, richiede anche un'attenzione scrupolosa agli aspetti legali ed etici. Adottando approcci responsabili e proattivi, le aziende possono sfruttare il potenziale dell'AI per creare valore in modo sostenibile, etico e conforme, assicurando che la marcia verso il futuro digitale sia guidata da principi di integrità, equità e rispetto per l'individuo.

15. Sicurezza e Privacy: Proteggere le informazioni aziendali e la privacy dei clienti quando si utilizzano strumenti AI come ChatGPT.

La sicurezza delle informazioni e la privacy dei clienti sono fondamentali nell'era digitale, specialmente con l'adozione crescente di strumenti di intelligenza artificiale (AI) come ChatGPT nelle operazioni aziendali. La gestione responsabile dei dati e la protezione contro le minacce informatiche sono essenziali per mantenere la fiducia dei clienti e rispettare le normative sulla privacy dei dati. Ecco alcune strategie chiave per proteggere le informazioni aziendali e la privacy dei clienti nell'utilizzo di strumenti AI:

Implementare Politiche di Sicurezza dei Dati Forti

È cruciale stabilire politiche di sicurezza dei dati robuste che definiscano chiaramente come i dati devono essere raccolti, trattati, archiviati e distrutti. Queste politiche dovrebbero includere linee guida per la classificazione dei dati, il controllo degli accessi, la crittografia dei dati sensibili e la gestione delle violazioni dei dati.

Assicurare la Conformità con le Normative sulla Privacy

Le aziende devono assicurarsi di essere in piena conformità con le leggi sulla privacy dei dati applicabili, come il GDPR nell'Unione Europea, il CCPA in California e altre normative a livello globale. Questo include la realizzazione di valutazioni d'impatto sulla protezione dei dati, l'ottenimento del consenso degli utenti quando necessario e la garanzia di trasparenza su come i dati vengono utilizzati.

Adottare Pratiche di Minimizzazione dei Dati

Le aziende dovrebbero adottare il principio della minimizzazione dei dati, che consiste nel raccogliere solo i dati strettamente necessari per lo scopo specifico e conservarli solo per il tempo necessario. Questo riduce il rischio di esposizione dei dati in caso di una violazione della sicurezza.

Utilizzare la Crittografia e Altre Tecnologie di Sicurezza

L'uso della crittografia per proteggere i dati sia in transito che a riposo può aiutare a prevenire accessi non autorizzati. Altre tecnologie di sicurezza, come il firewall, l'antivirus, il rilevamento delle intrusioni e i sistemi di prevenzione, possono fornire strati aggiuntivi di protezione.

Formazione e Consapevolezza del Personale

La formazione del personale sulla sicurezza dei dati e sulla consapevolezza delle minacce informatiche è fondamentale. Gli impiegati dovrebbero essere istruiti su come riconoscere e prevenire attacchi di phishing, gestire correttamente i dati sensibili e seguire le migliori pratiche di sicurezza.

Monitoraggio e Audit Regolari

Un monitoraggio continuo dei sistemi per rilevare attività sospette e audit regolari delle pratiche di sicurezza possono aiutare a identificare e mitigare le vulnerabilità prima che diventino problematiche. Questo include l'analisi dei log di sistema e l'utilizzo di strumenti di intelligenza contro le minacce per rimanere aggiornati sulle ultime tattiche degli attaccanti.

Gestione degli Accessi

Limitare l'accesso ai dati sensibili solo al personale che ne ha effettivamente bisogno può ridurre significativamente il rischio di esposizione dei dati. L'implementazione di controlli di accesso basati sui ruoli e l'autenticazione a più fattori può rafforzare la sicurezza.

Preparazione e Risposta agli Incidenti

Avere un piano di risposta agli incidenti di sicurezza preparato e testato può accelerare la risposta aziendale in caso di violazione dei dati. Questo piano dovrebbe includere procedure per contenere la violazione, valutare l'impatto, notificare le parti interessate e ripristinare i servizi.

La protezione delle informazioni aziendali e della privacy dei clienti nell'uso di strumenti AI come ChatGPT richiede un approccio olistico alla sicurezza dei dati, combinando tecnologie avanzate, pratiche operative solide e una cultura aziendale incentrata sulla sicurezza e sulla privacy. Rispettando questi principi, le aziende possono sfruttare i vantaggi dell'AI minimizzando i rischi associati alla sicurezza dei dati e alla privacy.

Per navigare con successo in questo paesaggio complesso, le aziende devono adottare un approccio proattivo, non solo per rispondere alle minacce quando si verificano, ma per prevenire attivamente le vulnerabilità attraverso pratiche di sicurezza solide e una vigilanza costante. Ciò implica una comprensione profonda non solo della tecnologia stessa, ma anche del contesto legale, sociale ed etico in cui opera.

Un impegno verso la trasparenza con i clienti sulle pratiche di raccolta e utilizzo dei dati rafforza ulteriormente la fiducia e costruisce relazioni a lungo termine basate sul rispetto reciproco e sulla responsabilità. Informare i clienti su come i loro dati sono protetti, come possono esercitare i loro diritti sulla privacy e come vengono presi provvedimenti in caso di violazione dei dati, non è solo una buona pratica etica, ma anche una strategia aziendale saggia.

Allo stesso tempo, l'adozione di un quadro di governance dell'AI che includa principi etici guida le decisioni aziendali e assicura che l'uso dell'AI allinei con gli obiettivi a lungo termine dell'organizzazione e con i valori della società. Tale quadro dovrebbe essere flessibile abbastanza da adattarsi all'evoluzione del panorama tecnologico e normativo, assicurando che l'azienda rimanga resiliente di fronte ai cambiamenti.

La collaborazione con esperti di sicurezza dei dati, consulenti legali e altri professionisti del settore può offrire ulteriori insight e garantire che le strategie implementate siano all'avanguardia. Allo stesso modo, la partecipazione a iniziative di standardizzazione e la condivisione delle migliori pratiche con altre organizzazioni possono contribuire a rafforzare la sicurezza dei dati a livello di settore.

Infine, è vitale riconoscere che la sicurezza e la privacy non sono obiettivi da raggiungere e poi dimenticare, ma processi continui che richiedono un impegno costante e l'adattamento alle nuove sfide. Le aziende che adottano questa mentalità e si impegnano attivamente a proteggere le informazioni aziendali e la privacy dei clienti saranno meglio posizionate per trarre vantaggio dalle opportunità offerte dall'AI come ChatGPT, minimizzando al contempo i rischi e promuovendo un futuro digitale più sicuro e rispettoso della privacy.

16. Integrazione di ChatGPT con Altri Strumenti: Come ChatGPT può essere integrato con altri strumenti software e piattaforme per massimizzare l'efficienza.

L'integrazione di ChatGPT con altri strumenti software e piattaforme può significativamente amplificare l'efficienza e l'efficacia delle operazioni aziendali. Queste sinergie non solo ottimizzano i flussi di lavoro esistenti ma possono anche sbloccare nuove opportunità di innovazione e servizio. Ecco come ChatGPT può essere integrato per massimizzare l'efficienza:

Assistenza Clienti e Chatbot

L'integrazione di ChatGPT con le piattaforme di assistenza clienti può rivoluzionare il servizio di supporto, offrendo risposte immediate, precise e personalizzate 24/7. L'AI può gestire richieste ripetitive o di routine, liberando risorse umane per questioni più complesse o sensibili, migliorando così la soddisfazione del cliente e l'efficienza operativa.

Automazione degli Uffici e Gestione dei Documenti

ChatGPT può essere integrato con software di automazione degli uffici e gestione dei documenti per generare automaticamente rapporti, e-mail, presentazioni e altro materiale basato su template. Questo riduce il carico di lavoro manuale sui dipendenti e garantisce che i documenti siano creati in modo coerente e accurato.

Sistemi CRM (Customer Relationship Management)

Integrare ChatGPT con sistemi CRM può arricchire le interazioni con i clienti, fornendo ai rappresentanti vendite e supporto informazioni contestuali e suggerimenti su misura durante le comunicazioni con i clienti. Questo può migliorare la personalizzazione del servizio clienti, aumentare le conversioni di vendita e rafforzare la fidelizzazione dei clienti.

Strumenti di Analisi dei Dati

L'integrazione di ChatGPT con strumenti di analisi dei dati può facilitare l'interpretazione di grandi set di dati, generando sintesi comprensibili, insight e raccomandazioni. Questo permette alle aziende di prendere decisioni basate sui dati più rapidamente e con maggiore fiducia.

Piattaforme di Social Media

Connettendo ChatGPT a piattaforme di social media, le aziende possono automatizzare la creazione e la pubblicazione di contenuti, la gestione delle interazioni con gli utenti e il monitoraggio delle menzioni del brand. Questo può migliorare l'engagement dei follower, ottimizzare la gestione della reputazione online e aumentare la portata del marketing digitale.

Sistemi ERP (Enterprise Resource Planning)

Integrando ChatGPT con sistemi ERP, le aziende possono semplificare complesse operazioni aziendali come la gestione delle scorte, la pianificazione delle risorse, e l'elaborazione degli ordini, fornendo agli utenti interfacce conversazionali per interrogare i dati e eseguire operazioni, migliorando così l'efficienza operativa.

Strumenti di Collaborazione e Produttività

L'integrazione di ChatGPT con strumenti di collaborazione e produttività, come Slack, Microsoft Teams o Google Workspace, può facilitare la comunicazione interna, la gestione dei progetti e la pianificazione. ChatGPT può agire come un assistente virtuale, organizzando riunioni, impostando promemoria e fornendo aggiornamenti sullo stato del progetto.

Piattaforme di E-commerce

Integrando ChatGPT con piattaforme di e-commerce, le aziende possono offrire esperienze di shopping personalizzate, fornendo raccomandazioni di prodotti, assistenza nell'acquisto e supporto post-vendita attraverso interazioni AI-guidate, migliorando l'esperienza di acquisto e potenzialmente aumentando le vendite.

Strumenti di Apprendimento Elettronico (e-Learning)

L'integrazione di ChatGPT con piattaforme e-learning può arricchire i materiali didattici con tutoraggi interattivi, assistenza agli studenti personalizzata e valutazioni automatizzate, migliorando l'esperienza di apprendimento e l'efficacia educativa.

L'integrazione di ChatGPT con altri strumenti e piattaforme richiede una pianificazione strategica e considerazioni tecniche, ma i benefici in termini di efficienza operativa, soddisfazione del cliente e innovazione possono essere sostanziali. Le aziende che adottano queste integrazioni posizionano se stesse per sfruttare al meglio le capacità dell'AI, migliorando non solo la produttività interna ma anche l'esperienza complessiva offerta ai loro clienti.

Integrazione con Sistemi di Monitoraggio e Allerta

ChatGPT può essere integrato con sistemi di monitoraggio e allerta per fornire notifiche immediate e automatizzate in caso di eventi critici o anomalie nei dati. Questo permette una reazione rapida ai problemi emergenti, riducendo i tempi di inattività e migliorando la resilienza aziendale.

Miglioramento dei Processi Decisionali

L'integrazione di ChatGPT con strumenti di supporto decisionale può potenziare il processo decisionale aziendale offrendo analisi predittive, scenari simulati e valutazioni del rischio basate su vasti set di dati. Questo approccio data-driven aiuta i leader aziendali a fare scelte informate e strategiche.

Automazione dei Processi Creativi

Nel marketing e nella pubblicità, l'integrazione di ChatGPT con strumenti di design e produzione di contenuti può automatizzare parti del processo creativo, generando idee per campagne, slogan pubblicitari o design grafici, accelerando il workflow creativo e permettendo ai team di concentrarsi su compiti ad alto valore.

Supporto alla Gestione delle Risorse Umane

ChatGPT può essere integrato con sistemi di gestione delle risorse umane (HRM) per automatizzare la risposta a domande frequenti dei dipendenti, la gestione delle ferie e delle assenze, e persino facilitare processi di reclutamento e formazione, migliorando l'efficienza del dipartimento HR.

Ottimizzazione della Supply Chain

L'integrazione con sistemi di gestione della supply chain consente a ChatGPT di fornire insight in tempo reale su inventario, logistica e gestione degli ordini, facilitando una pianificazione più efficiente e una migliore risposta alle fluttuazioni della domanda.

Interazione con API di Terze Parti

L'integrazione di ChatGPT con una varietà di API di terze parti può ampliare ulteriormente le sue capacità, permettendo alle aziende di accedere a servizi esterni, dati aggiuntivi e funzionalità specializzate, personalizzando così l'esperienza dell'utente finale e ampliando le potenzialità dell'applicazione AI.

Creazione di Ambienti di Lavoro Ibridi

Incorporando ChatGPT in ambienti di lavoro ibridi, le aziende possono facilitare la collaborazione tra team remoti e in sede, migliorando la comunicazione interna e supportando una cultura del lavoro flessibile e reattiva.

Sviluppo Sostenibile e Innovazione Responsabile

Infine, integrando ChatGPT in iniziative di sviluppo sostenibile, le aziende possono analizzare i dati ambientali, sociali e di governance (ESG) per guidare l'innovazione responsabile, sviluppare pratiche commerciali sostenibili e rispondere in modo proattivo alle crescenti aspettative dei consumatori per un impegno aziendale verso la sostenibilità.

L'intersezione di ChatGPT con una gamma di strumenti software e piattaforme offre un vasto panorama di opportunità per trasformare le operazioni aziendali, migliorare l'esperienza del cliente e spingere i confini dell'innovazione. Man mano che queste integrazioni diventano più sofisticate e personalizzate, le aziende che le adottano saranno meglio posizionate per navigare le sfide del mercato moderno, sfruttando la potenza dell'AI per creare valore aggiunto significativo.

Promozione di Un Approccio Centrato sull'Uomo

L'integrazione di ChatGPT e AI non dovrebbe sostituire l'interazione umana, ma piuttosto arricchirla e amplificarla. Integrando ChatGPT con strumenti di comunicazione interna ed esterna, le aziende possono creare un equilibrio tra efficienza automatizzata e il tocco personale che solo gli esseri umani possono offrire. Questo approccio centrato sull'uomo assicura che, mentre le macchine gestiscono i compiti ripetitivi, gli umani rimangono al cuore della creatività, dell'empatia e della decisione strategica.

Miglioramento Continuo Tramite Feedback

Integrare ChatGPT con piattaforme che raccolgono e analizzano il feedback dei clienti può aiutare le aziende a adattare i loro servizi e prodotti in modo più efficace. Utilizzando l'AI per interpretare grandi volumi di feedback, le aziende possono identificare tendenze, bisogni insoddisfatti e aree di miglioramento, permettendo un miglioramento continuo dei prodotti e servizi offerti.

Integrazione con Piattaforme di E-learning

L'uso di ChatGPT può rivoluzionare l'e-learning integrandosi con piattaforme educative per fornire esperienze di apprendimento personalizzate. Questo può includere la creazione di contenuti didattici su misura, tutoraggio virtuale, e la valutazione automatizzata delle prestazioni degli studenti, contribuendo così a un'apprendimento più interattivo, coinvolgente e adattato alle esigenze individuali.

Sviluppo di Assistenza Sanitaria Predittiva

Integrando ChatGPT con sistemi di dati sanitari, le organizzazioni possono sviluppare modelli predittivi per identificare potenziali rischi per la salute prima che diventino problemi gravi. Questo può trasformare il modo in cui l'assistenza sanitaria viene erogata, spostando l'enfasi dalla cura reattiva alla prevenzione proattiva, migliorando gli esiti per i pazienti e riducendo i costi per i fornitori di assistenza sanitaria.

Potenziamento dell'Analisi Finanziaria

L'integrazione di ChatGPT con strumenti di analisi finanziaria può offrire alle aziende insight profondi sulle tendenze di mercato, la performance degli investimenti e le previsioni economiche. Ciò consente una pianificazione finanziaria più informata e strategica, aiutando le aziende a navigare in ambienti di mercato volatili con maggiore sicurezza.

Innovazione nel Retail

Nel settore retail, l'integrazione di ChatGPT con sistemi di gestione dell'inventario e piattaforme di e-commerce può ottimizzare la catena di approvvigionamento, personalizzare l'esperienza di acquisto e migliorare il servizio clienti, offrendo ai consumatori raccomandazioni personalizzate, supporto immediato e un'esperienza di acquisto senza soluzione di continuità.

Ottimizzazione della Logistica e della Catena di Fornitura

Integrando ChatGPT con software di gestione logistica, le aziende possono migliorare l'efficienza della catena di fornitura attraverso la pianificazione ottimizzata dei percorsi, la gestione degli inventari in tempo reale e la previsione della domanda. Questo non solo riduce i costi operativi ma migliora anche la puntualità delle consegne e la soddisfazione del cliente.

Supporto nella Gestione di Eventi

L'uso di ChatGPT può rivoluzionare la gestione di eventi, integrandosi con piattaforme di prenotazione e gestione eventi per automatizzare le comunicazioni con i partecipanti, personalizzare l'esperienza degli ospiti e facilitare la logistica degli eventi. Questo approccio tecnologico può trasformare l'organizzazione di eventi, rendendola più efficiente e coinvolgente per tutti i partecipanti.

In conclusione, l'integrazione di ChatGPT con una vasta gamma di strumenti software e piattaforme rappresenta un potente leva per le aziende in tutti i settori, promuovendo l'innovazione, migliorando l'efficienza operativa e migliorando l'esperienza del cliente. Questa integrazione apre nuovi orizzonti per la personalizzazione dei servizi, l'ottimizzazione dei processi interni e la creazione di esperienze utente senza precedenti, permettendo alle aziende di stare al passo con le aspettative in rapida evoluzione dei consumatori e le sfide del mercato moderno.

Rafforzamento della Sicurezza Informatica

L'integrazione di ChatGPT con sistemi di sicurezza informatica può elevare la capacità di un'organizzazione di prevenire, rilevare e rispondere a minacce informatiche in modo proattivo. Attraverso l'analisi in tempo reale dei dati di sicurezza e la generazione di allerte contestualizzate, le aziende possono rafforzare la loro postura di sicurezza, proteggendo dati sensibili e infrastrutture critiche da potenziali violazioni.

Miglioramento delle Strategie di Marketing

Utilizzando ChatGPT in combinazione con strumenti di analisi di marketing, le aziende possono sfruttare l'elaborazione del linguaggio naturale per analizzare tendenze del mercato, feedback dei clienti e comportamenti di acquisto. Questo permette lo sviluppo di campagne marketing altamente mirate, la personalizzazione delle comunicazioni e l'ottimizzazione delle strategie promozionali per massimizzare il ROI.

Innovazione nei Servizi Pubblici

Nel settore pubblico, l'integrazione di ChatGPT con piattaforme di servizi governativi può migliorare l'accessibilità e l'efficienza dei servizi offerti ai cittadini. Dalla gestione delle richieste di servizio alla fornitura di informazioni in tempo reale e supporto decisionale, ChatGPT può contribuire a modernizzare l'interazione tra il governo e i cittadini, migliorando la soddisfazione e la partecipazione civica.

Facilitazione della Ricerca e dello Sviluppo

Nel campo della ricerca e dello sviluppo, l'integrazione di ChatGPT con database scientifici e piattaforme di collaborazione può accelerare la scoperta e l'innovazione. Fornendo accesso istantaneo a vasti corpi di conoscenza e facilitando la sintesi di nuove idee e concetti, ChatGPT può aiutare i ricercatori a

navigare rapidamente la letteratura esistente e a
generare nuove ipotesi di ricerca.

Potenziamento delle Capacità di Formazione e Sviluppo

Integrando ChatGPT con piattaforme di formazione
aziendale, le organizzazioni possono creare esperienze
di apprendimento personalizzate che si adattano ai
bisogni individuali dei dipendenti, migliorando
l'assorbimento delle conoscenze e l'efficacia della
formazione. ChatGPT può assistere nella creazione di
contenuti formativi dinamici, simulazioni interattive e
valutazioni personalizzate, contribuendo allo sviluppo
delle competenze e alla crescita professionale dei
lavoratori.

Arricchimento dell'Esperienza del Cliente nel Settore Alberghiero

Nel settore alberghiero, l'integrazione di ChatGPT con
sistemi di gestione delle prenotazioni e piattaforme di
servizi ospiti può offrire un livello senza precedenti di
personalizzazione e assistenza. Dalle raccomandazioni
personalizzate per attività e ristoranti alla gestione
automatizzata delle richieste degli ospiti, ChatGPT può
elevare l'esperienza del cliente, incrementando la
fedeltà e la soddisfazione.

Supporto all'Innovazione nel Settore Immobiliare

Nel settore immobiliare, l'integrazione di ChatGPT con
piattaforme di gestione immobiliare e sistemi CRM

può trasformare il modo in cui gli agenti interagiscono con i clienti e gestiscono le proprietà. Dall'automazione delle risposte alle query dei clienti alla generazione di descrizioni di proprietà ottimizzate per il SEO, ChatGPT può aumentare l'efficienza delle operazioni e migliorare l'esperienza di acquisto e vendita.

In conclusione, l'integrazione di ChatGPT attraverso vari strumenti e piattaforme non solo rende le aziende più agili ed efficienti ma apre anche la porta a nuovi modi di interagire con i clienti, innovare i prodotti e servizi, e gestire le operazioni interne. Questa sinergia tra intelligenza artificiale e strumenti aziendali esistenti promuove una cultura di miglioramento continuo e innovazione aperta, posizionando le aziende per sfruttare al meglio le opportunità offerte dall'evoluzione tecnologica.

Per realizzare questi benefici, è essenziale che le aziende adottino un approccio strategico all'integrazione di ChatGPT, valutando attentamente come questa tecnologia può rispondere meglio ai loro obiettivi specifici e come può essere implementata in modo da rispettare la privacy, la sicurezza e le normative vigenti. Questo richiede una collaborazione interfunzionale tra i team IT, legale, di compliance, di marketing e operativi, assicurando che tutti gli aspetti dell'integrazione di ChatGPT siano considerati e gestiti in modo olistico.

Inoltre, per massimizzare l'efficacia di ChatGPT, le aziende dovrebbero investire nella formazione dei dipendenti, assicurandosi che comprendano come utilizzare questa tecnologia in modo responsabile ed efficace. La formazione dovrebbe coprire non solo l'uso tecnico di ChatGPT ma anche le implicazioni etiche e legali della sua implementazione.

Le aziende dovrebbero anche impegnarsi in un dialogo continuo con clienti, partner e altre parti interessate su come stanno utilizzando ChatGPT e altre tecnologie AI, raccogliendo feedback e adattandosi di conseguenza. Questo non solo contribuisce a costruire fiducia e trasparenza ma fornisce anche preziose intuizioni che possono guidare ulteriori innovazioni.

Infine, l'integrazione di ChatGPT dovrebbe essere vista come un processo evolutivo, con le aziende che rimangono agili e aperte a iterare le loro strategie in risposta ai rapidi cambiamenti tecnologici e alle esigenze del mercato. Man mano che ChatGPT e altre tecnologie AI continuano a svilupparsi, le aziende che riescono a sfruttare queste innovazioni in modo strategico e responsabile saranno quelle che rimangono competitive e guidano il progresso nel loro settore.

In sintesi, l'integrazione di ChatGPT con altri strumenti software e piattaforme rappresenta un'opportunità significativa per le aziende di tutti i settori per rafforzare le loro operazioni, migliorare l'esperienza del cliente e promuovere l'innovazione. Con un approccio ponderato, responsabile e strategico, le aziende possono navigare con successo le sfide e sfruttare al meglio le potenzialità offerte dall'integrazione di ChatGPT.

17. Case Studies di Successo: Esempi reali di come aziende e imprenditori hanno utilizzato ChatGPT per crescere e prosperare online.

Mentre il mio accesso alle informazioni aggiornate è limitato fino ad aprile 2023 e non posso fornire gli ultimi case study specifici, ci sono diverse applicazioni e strategie innovative legate all'uso di tecnologie simili a ChatGPT che hanno permesso ad aziende e imprenditori di espandere la loro presenza online e migliorare i loro processi aziendali. Ecco alcuni esempi generici basati su come le capacità di intelligenza artificiale sono state applicate in vari settori per stimolare la crescita e l'innovazione:

Supporto Clienti Potenziato

Azienda: Un'azienda di e-commerce globale
Strategia: Integrazione di un chatbot basato su AI per la gestione delle richieste di assistenza clienti 24/7.
Risultati: L'azienda ha sperimentato una riduzione significativa nei tempi di risposta del supporto clienti e un aumento della soddisfazione dei clienti. Il chatbot, addestrato su domande frequenti e scenari di supporto, ha gestito con successo la maggior parte delle richieste senza bisogno di interazione umana, liberando il

personale del supporto clienti per affrontare problemi più complessi.

Marketing Personalizzato

Azienda: Una start-up nel settore della tecnologia fitness **Strategia**: Uso di AI per analizzare i dati degli utenti e creare messaggi di marketing personalizzati. **Risultati**: Implementando soluzioni AI per segmentare il proprio pubblico e personalizzare i messaggi in base ai comportamenti e alle preferenze degli utenti, l'azienda ha visto un aumento del tasso di conversione e una maggiore fedeltà dei clienti. La personalizzazione avanzata ha aiutato l'azienda a distinguersi in un mercato competitivo.

Ottimizzazione delle Operazioni

Azienda: Un fornitore di servizi logistici **Strategia**: Utilizzo di AI per ottimizzare le rotte di consegna e la gestione degli inventari. **Risultati**: L'implementazione di algoritmi AI ha permesso all'azienda di ottimizzare le rotte di consegna, riducendo i costi di carburante e migliorando i tempi di consegna. L'analisi predittiva ha inoltre migliorato la gestione degli inventari, riducendo gli sprechi e garantendo che i prodotti più richiesti fossero sempre disponibili.

Sviluppo di Prodotti Innovativi

Azienda: Una start-up nel settore dell'intrattenimento digitale **Strategia**: Sviluppo di una piattaforma di storytelling interattivo alimentata da AI. **Risultati**: Attraverso l'uso di AI per generare narrazioni dinamiche basate sulle scelte degli utenti, l'azienda ha creato un'esperienza di intrattenimento unica che ha attirato un ampio pubblico online. Questa innovazione ha portato a un aumento degli utenti attivi e ha aperto nuove opportunità di monetizzazione tramite contenuti premium e personalizzati.

Miglioramento della Formazione e dello Sviluppo

Azienda: Un'organizzazione nel settore della formazione professionale **Strategia**: Integrazione di sistemi AI per personalizzare i percorsi di apprendimento per gli studenti. **Risultati**: Implementando una piattaforma di e-learning che utilizza AI per adattare il materiale didattico agli stili di apprendimento individuali, l'organizzazione ha notato un miglioramento nelle performance degli studenti e nella loro soddisfazione complessiva. La personalizzazione ha contribuito a rendere l'apprendimento più efficace e coinvolgente.

Questi esempi illustrano come l'integrazione di tecnologie avanzate come ChatGPT può trasformare le operazioni aziendali, migliorare l'esperienza del cliente e guidare la crescita. Mentre le specifiche applicazioni di ChatGPT varieranno in base al settore e agli obiettivi aziendali, questi case study dimostrano il potenziale dell'AI di offrire soluzioni innovative e vantaggi competitivi significativi.

Espansione nel Mercato Globale

Azienda: Una piattaforma online di servizi linguistici
Strategia: Utilizzo di ChatGPT per potenziare i servizi di traduzione e localizzazione automatizzati.
Risultati: Integrando ChatGPT per migliorare la qualità e la velocità delle traduzioni, l'azienda è stata in grado di espandere i suoi servizi in nuovi mercati linguistici, aumentando significativamente la sua base di clienti globali. L'AI ha aiutato a superare le barriere linguistiche, rendendo i servizi dell'azienda accessibili a una clientela più ampia e diversificata.

Rivoluzione nel Settore Immobiliare

Azienda: Un'agenzia immobiliare online **Strategia**: Implementazione di ChatGPT per generare descrizioni di proprietà immobiliari dettagliate e coinvolgenti.
Risultati: Utilizzando ChatGPT per automatizzare la creazione di contenuti, l'agenzia ha potuto fornire descrizioni ricche e personalizzate per ogni proprietà, migliorando l'engagement degli utenti e aumentando il tasso di conversione delle vendite. Questo approccio ha anche liberato tempo prezioso per gli agenti, consentendo loro di concentrarsi su negoziazioni e relazioni con i clienti.

Innovazione nel Customer Service

Azienda: Un provider di servizi finanziari **Strategia**: Adozione di ChatGPT per alimentare un assistente virtuale in grado di gestire domande finanziarie complesse. **Risultati**: L'introduzione di un assistente virtuale basato su AI ha trasformato l'esperienza del servizio clienti, fornendo risposte immediate e personalizzate 24/7. L'efficacia nell'affrontare le richieste dei clienti ha portato a un aumento della fiducia dei clienti e a una maggiore retention, posizionando l'azienda come leader innovativo nel servizio clienti nel settore finanziario.

Miglioramento delle Capacità di Ricerca

Azienda: Un istituto di ricerca accademica **Strategia**: Utilizzo di ChatGPT per sintetizzare e analizzare vasti volumi di pubblicazioni scientifiche. **Risultati**: L'istituto ha sfruttato la capacità di ChatGPT di elaborare e riassumere rapidamente informazioni da una grande varietà di fonti, accelerando significativamente il processo di ricerca. Questo ha permesso ai ricercatori di identificare tendenze, gap di conoscenza e opportunità di innovazione più rapidamente, promuovendo una ricerca all'avanguardia.

Efficienza nell'E-commerce

Azienda: Un retailer online di moda **Strategia**: Implementazione di ChatGPT per offrire consigli di stile personalizzati e supporto post-vendita. **Risultati**:

L'integrazione di un assistente di shopping virtuale basato su AI ha migliorato l'esperienza di acquisto dei clienti, offrendo raccomandazioni personalizzate basate sulle preferenze e sullo storico degli acquisti. Questo ha non solo aumentato le vendite incrociate e le vendite aggiuntive ma ha anche ridotto i tassi di reso, migliorando la soddisfazione e la fedeltà del cliente.

Ottimizzazione delle Operazioni Manifatturiere

Azienda: Un produttore di dispositivi elettronici
Strategia: Adozione di ChatGPT per ottimizzare i manuali di produzione e la formazione dei dipendenti.
Risultati: Implementando ChatGPT per generare documentazione tecnica e materiali di formazione, l'azienda ha standardizzato le procedure operative, migliorando l'efficienza della produzione e la qualità del prodotto. La formazione migliorata ha anche ridotto gli errori dei dipendenti e i tempi di inattività della macchina, portando a risparmi significativi sui costi.

Questi esempi illustrano il potenziale trasformativo di ChatGPT e tecnologie AI simili quando integrate strategicamente nelle operazioni aziendali. Dalla personalizzazione del servizio clienti all'ottimizzazione dei processi interni, le applicazioni di ChatGPT possono portare a miglioramenti significativi in termini di efficienza, soddisfazione del cliente e innovazione. Le aziende che sfruttano queste tecnologie non solo ottimizzano le loro operazioni esistenti ma aprono anche la porta a nuove opportunità di business, distinguendosi nel mercato.

Digitalizzazione dei Servizi Governativi

Entità: Un ente governativo locale **Strategia**: Implementazione di ChatGPT per digitalizzare i servizi al cittadino, fornendo informazioni e facilitando le procedure burocratiche online. **Risultati**: L'ente ha notato un aumento dell'efficienza nel processamento delle richieste dei cittadini e una maggiore soddisfazione nei confronti dei servizi pubblici. L'uso di ChatGPT ha ridotto il carico di lavoro sul personale, consentendo un risparmio di risorse e un miglioramento della rapidità e precisione delle risposte fornite.

Potenziamento del Settore Turistico

Azienda: Una piattaforma di prenotazioni turistiche online **Strategia**: Uso di ChatGPT per fornire assistenza personalizzata nella pianificazione di viaggi e vacanze, suggerendo itinerari personalizzati. **Risultati**: La piattaforma ha sperimentato un incremento nelle prenotazioni, attribuibile alla capacità di offrire consigli di viaggio altamente personalizzati. I clienti hanno apprezzato la comodità di ricevere suggerimenti su misura, migliorando la percezione del servizio e incentivando la fedeltà dei clienti.

Rivoluzione nel Settore Editoriale

Azienda: Una casa editrice digitale **Strategia**: Integrazione di ChatGPT per generare articoli, recensioni di libri e sintesi di pubblicazioni. **Risultati**: L'adozione di ChatGPT ha permesso di aumentare la quantità e la varietà di contenuti pubblicati, attirando un pubblico più ampio e aumentando l'engagement degli utenti. La capacità di produrre rapidamente contenuti di alta qualità ha posizionato l'editore come un punto di riferimento nel settore editoriale digitale.

Innovazione nel Recruiting

Azienda: Un'agenzia di reclutamento **Strategia**: Utilizzo di ChatGPT per automatizzare la preselezione dei candidati, analizzando CV e lettere di presentazione. **Risultati**: L'agenzia ha ridotto significativamente i tempi di selezione, migliorando l'accuratezza nel trovare candidati che corrispondessero alle specifiche delle posizioni aperte. Questo ha migliorato l'efficienza del processo di reclutamento e aumentato la soddisfazione sia delle aziende clienti che dei candidati.

Miglioramento del Settore Assicurativo

Azienda: Una compagnia assicurativa **Strategia**: Adozione di ChatGPT per personalizzare le polizze assicurative e automatizzare le risposte alle domande dei clienti. **Risultati**: L'introduzione di un assistente virtuale ha portato a una maggiore personalizzazione dei servizi offerti e a una gestione più efficiente delle richieste dei clienti. La capacità di fornire risposte immediate e personalizzate ha migliorato l'esperienza del cliente e rafforzato la fiducia nel brand.

Trasformazione nel Settore Alimentare

Azienda: Una catena di ristorazione **Strategia**: Implementazione di ChatGPT per gestire ordini online e fornire raccomandazioni personalizzate sul menu. **Risultati**: L'uso di ChatGPT ha semplificato il processo di ordinazione per i clienti, migliorando la soddisfazione e incrementando il volume degli ordini. La personalizzazione delle raccomandazioni ha inoltre aumentato il valore medio degli ordini, contribuendo alla crescita del fatturato.

Questi esempi dimostrano come l'integrazione di ChatGPT e l'adozione di tecnologie AI possano trasformare settori diversi, migliorando l'efficienza operativa, arricchendo l'esperienza del cliente e spianando la strada a nuove strategie di business innovative. Con l'avanzamento tecnologico e l'adozione strategica di AI come ChatGPT, le aziende sono ben posizionate per sfruttare le opportunità emergenti e affrontare le sfide in un panorama commerciale in continua evoluzione.

Personalizzazione nel Settore della Bellezza

Azienda: Un marchio di cosmetici **Strategia**: Uso di ChatGPT per offrire consulenze di bellezza personalizzate online. **Risultati**: Integrando ChatGPT, il marchio ha potuto fornire raccomandazioni personalizzate sui prodotti, migliorando l'engagement del cliente e incrementando le vendite. La consulenza personalizzata ha aiutato i clienti a sentirsi unici e compresi, rafforzando la loro lealtà al marchio.

Efficienza nell'Industria Musicale

Azienda: Una piattaforma di streaming musicale
Strategia: Implementazione di ChatGPT per generare playlist personalizzate e fornire raccomandazioni musicali. **Risultati**: L'introduzione di servizi personalizzati basati su AI ha notevolmente aumentato l'uso della piattaforma, con gli utenti che apprezzavano la capacità di scoprire nuova musica in linea con i propri gusti. Questa personalizzazione ha portato a un aumento dell'engagement degli utenti e a un miglioramento dei tassi di ritenzione.

Ottimizzazione nel Settore Immobiliare Commerciale

Azienda: Un'agenzia di brokeraggio immobiliare commerciale **Strategia**: Uso di ChatGPT per analizzare le tendenze del mercato e generare report di mercato. **Risultati**: La capacità di elaborare rapidamente grandi quantità di dati ha permesso all'agenzia di fornire ai clienti analisi di mercato dettagliate, migliorando la qualità del servizio e aiutando i clienti a prendere decisioni informate sugli investimenti immobiliari.

Innovazione nei Servizi Legali

Azienda: Uno studio legale **Strategia**: Integrazione di ChatGPT per automatizzare la raccolta di informazioni preliminari dai clienti e generare bozze di documenti legali. **Risultati**: Lo studio ha sperimentato un significativo risparmio di tempo nella preparazione

dei casi, consentendo agli avvocati di concentrarsi
su compiti ad alto valore come la strategia del
caso e la rappresentanza in tribunale. Questo ha
migliorato l'efficienza operativa e aumentato la
capacità dello studio di gestire un maggior
numero di casi.

Trasformazione nel Settore Agricolo

Azienda: Un'azienda agritech **Strategia**: Adozione di
ChatGPT per fornire consigli agli agricoltori su
coltivazioni, gestione del suolo e pratiche sostenibili.
Risultati: L'uso di ChatGPT ha permesso di
distribuire conoscenze agronomiche in modo più
ampio ed efficiente, contribuendo a migliorare le rese
delle colture e promuovere pratiche agricole
sostenibili. Gli agricoltori hanno beneficiato di un
accesso facilitato a informazioni e consigli preziosi,
ottimizzando le loro operazioni agricole.

Rafforzamento del Coinvolgimento Comunitario

Entità: Un'organizzazione no-profit **Strategia**:
Utilizzo di ChatGPT per migliorare la comunicazione
con i sostenitori e personalizzare le campagne di
raccolta fondi. **Risultati**: Integrando ChatGPT nelle
sue piattaforme di comunicazione, l'organizzazione ha
potuto creare messaggi più personalizzati e
coinvolgenti per i suoi sostenitori, aumentando la
partecipazione alle iniziative e migliorando l'efficacia
delle campagne di raccolta fondi.

Questi esempi dimostrano l'ampio spettro di applicazioni di ChatGPT e tecnologie AI correlate, che vanno ben oltre il miglioramento dell'efficienza operativa, toccando l'innovazione del prodotto, la personalizzazione del servizio, e l'impatto sociale positivo. Con una pianificazione strategica e un'attuazione attenta, le aziende di ogni settore possono sfruttare ChatGPT per ridefinire i loro modelli di business, migliorare l'esperienza del cliente e ottenere un vantaggio competitivo significativo.

Ampliamento dei Servizi Finanziari

Azienda: Una banca digitale **Strategia**: Sviluppo di un assistente virtuale basato su ChatGPT per offrire consulenza finanziaria personalizzata. **Risultati**: L'introduzione di questa tecnologia ha permesso alla banca di offrire ai suoi clienti un servizio di consulenza finanziaria disponibile 24/7, migliorando significativamente l'engagement del cliente e aumentando la soddisfazione generale. Gli utenti hanno apprezzato la possibilità di ottenere consigli finanziari personalizzati in tempo reale, il che ha portato a una maggiore fidelizzazione e a un incremento dell'uso dei servizi bancari digitali.

Innovazione nel Settore del Fitness

Azienda: Una catena di palestre e centri benessere **Strategia**: Implementazione di ChatGPT per creare piani di allenamento e di nutrizione personalizzati per i membri. **Risultati**: L'utilizzo di ChatGPT ha consentito di offrire ai soci un valore aggiunto

mediante piani personalizzati, basati sulle loro
specifiche esigenze e obiettivi di fitness. Questo
approccio personalizzato ha migliorato l'esperienza del
cliente, aumentando la retention dei soci e attirando
nuovi clienti interessati a un approccio più
personalizzato al benessere.

Miglioramento del Coinvolgimento nell'Istruzione

Entità: Un'università **Strategia**: Uso di ChatGPT per
fornire supporto didattico personalizzato agli studenti.
Risultati: Integrando ChatGPT nelle piattaforme di
apprendimento online, l'università ha potuto offrire
agli studenti un livello di supporto didattico
precedentemente inaccessibile, con tutoraggio
personalizzato e risposte immediate alle domande.
Questo ha portato a un miglioramento nelle prestazioni
degli studenti, a una maggiore soddisfazione e a un
tasso di completamento dei corsi più elevato.

Rivoluzione nel Settore Immobiliare Residenziale

Azienda: Un portale immobiliare online **Strategia**:
Implementazione di ChatGPT per generare descrizioni
dettagliate e accattivanti delle proprietà. **Risultati**:
L'uso di ChatGPT per automatizzare la creazione di
contenuti ha migliorato l'attrattiva delle inserzioni
immobiliari, aumentando il coinvolgimento degli
utenti e il numero di richieste di informazioni. Questo
ha non solo semplificato il lavoro degli agenti

immobiliari ma ha anche contribuito a ridurre i tempi di vendita delle proprietà.

Potenziamento delle Capacità di Ricerca e Sviluppo

Azienda: Un'azienda farmaceutica **Strategia**: Utilizzo di ChatGPT per accelerare la ricerca bibliografica e l'analisi dei dati di ricerca. **Risultati**: Integrando ChatGPT nel processo di ricerca e sviluppo, l'azienda ha potuto velocizzare significativamente la revisione della letteratura scientifica e l'analisi dei dati, riducendo i tempi per lo sviluppo di nuovi farmaci e terapie. Questo ha migliorato l'efficienza della R&D e ha accelerato il time-to-market per nuovi prodotti farmaceutici.

Questi esempi illustrano come ChatGPT, attraverso la sua integrazione in diversi strumenti e piattaforme, possa essere sfruttato per trasformare una varietà di settori, migliorando non solo l'efficienza operativa ma anche l'innovazione, l'engagement del cliente e l'impatto sociale. L'adozione di questa tecnologia rappresenta un'opportunità per le aziende di rimodellare le loro strategie e operazioni, sfruttando l'AI per creare nuovi valori e soluzioni innovative che rispondano alle esigenze in continua evoluzione dei loro mercati e società.

Ottimizzazione dei Servizi di Consegna

Azienda: Una compagnia di logistica e consegne
Strategia: Adozione di ChatGPT per migliorare
l'ottimizzazione delle rotte e la comunicazione con i
clienti. **Risultati**: Integrando ChatGPT, l'azienda ha
potuto offrire ai suoi clienti aggiornamenti in tempo
reale sullo stato delle consegne e risposte istantanee
alle domande frequenti. Questo ha aumentato la
trasparenza e la fiducia dei clienti. Inoltre, l'utilizzo di
AI per l'ottimizzazione delle rotte ha ridotto i costi
operativi e migliorato l'efficienza delle consegne,
riducendo i tempi di percorrenza e l'impatto
ambientale delle operazioni.

Personalizzazione del Settore Alimentare

Azienda: Un servizio di abbonamento per la consegna
di cibo **Strategia**: Implementazione di ChatGPT per
offrire raccomandazioni di piatti personalizzati basate
sulle preferenze dietetiche e sul feedback degli utenti.
Risultati: Utilizzando ChatGPT per analizzare le
preferenze e il feedback degli utenti, il servizio di
abbonamento ha potuto personalizzare le sue offerte
per ogni cliente, aumentando significativamente la
soddisfazione del cliente e i tassi di ritenzione. Questo
approccio personalizzato ha anche aiutato l'azienda a
differenziarsi in un mercato competitivo.

Innovazione nel Customer Engagement

Azienda: Una piattaforma di e-commerce di moda
Strategia: Uso di ChatGPT per creare esperienze di

shopping interattive e personalizzate. **Risultati**:
Integrando ChatGPT, la piattaforma è stata in grado di
interagire con i clienti in modi nuovi e coinvolgenti,
offrendo consigli di moda personalizzati e rispondendo
alle domande in tempo reale. Questo ha migliorato
l'esperienza di shopping online, portando a un
aumento delle conversioni e alla fedeltà dei clienti.

Supporto Decisionale nel Settore Finanziario

Azienda: Una società di consulenza finanziaria
Strategia: Adozione di ChatGPT per fornire analisi di
mercato e consulenza finanziaria personalizzata.
Risultati: Utilizzando ChatGPT per elaborare e
analizzare grandi volumi di dati di mercato, la società
di consulenza è stata in grado di offrire ai suoi clienti
insight finanziari dettagliati e consulenza
personalizzata, migliorando la qualità del servizio e
aiutando i clienti a prendere decisioni d'investimento
più informate.

Efficienza nella Produzione

Azienda: Un produttore di componenti elettronici
Strategia: Implementazione di ChatGPT per
ottimizzare i manuali operativi e la formazione tecnica.
Risultati: L'introduzione di manuali operativi e
materiali di formazione generati da AI ha migliorato
l'efficienza della linea di produzione e ridotto gli errori
umani. Ciò ha portato a un aumento della qualità del
prodotto e a una riduzione dei costi associati alla
formazione e alle operazioni.

Avanzamenti nel Settore Educativo

Entità: Un'istituzione educativa **Strategia**: Uso di ChatGPT per sviluppare materiali didattici interattivi e supporto personalizzato per gli studenti. **Risultati**: Integrando ChatGPT nelle sue piattaforme educative, l'istituzione ha potuto offrire agli studenti un'esperienza di apprendimento più ricca e personalizzata, con tutoraggio virtuale e materiali didattici adattati alle esigenze di apprendimento individuali. Questo ha contribuito a migliorare il coinvolgimento degli studenti e i risultati dell'apprendimento.

Trasformazione dei Servizi Pubblici

Entità: Un comune **Strategia**: Implementazione di ChatGPT per fornire informazioni comunali e supporto ai servizi pubblici attraverso un portale online interattivo. **Risultati**: L'uso di ChatGPT ha permesso al comune di offrire ai cittadini un accesso facile e veloce alle informazioni sui servizi pubblici, migliorando l'efficienza del servizio clienti e riducendo i carichi di lavoro per il personale. Ciò ha aumentato la soddisfazione dei cittadini e ha reso le informazioni comunali più accessibili, promuovendo una maggiore partecipazione civica e un miglior coinvolgimento nella vita della comunità.

Ottimizzazione nel Settore delle Risorse Umane

Azienda: Una multinazionale **Strategia**: Integrazione di ChatGPT in sistemi di gestione delle risorse umane per automatizzare il processo di reclutamento e selezione. **Risultati**: L'adozione di ChatGPT ha permesso all'azienda di filtrare in modo efficiente le candidature, identificare i migliori talenti basandosi su criteri specifici, e migliorare l'esperienza dei candidati. Questo ha portato a un processo di selezione più rapido e a una migliore corrispondenza tra le esigenze aziendali e le competenze dei candidati, oltre a un significativo risparmio di tempo e risorse per il dipartimento HR.

Potenziamento dell'Industria Creativa

Azienda: Un'agenzia di marketing digitale **Strategia**: Uso di ChatGPT per generare contenuti creativi, idee per campagne pubblicitarie e suggerimenti per strategie di marketing. **Risultati**: Integrando ChatGPT, l'agenzia ha potuto incrementare la sua capacità di generare idee innovative e contenuti accattivanti, migliorando l'efficacia delle campagne per i clienti e rafforzando la propria posizione nel mercato. La velocità e la varietà della generazione di contenuti ha aperto nuove possibilità creative e ha stimolato una maggiore sperimentazione nelle strategie di marketing.

Rivoluzione nel Settore Assicurativo

Azienda: Una compagnia di assicurazioni **Strategia**: Implementazione di ChatGPT per automatizzare la gestione delle richieste di risarcimento e offrire consulenza personalizzata sui prodotti assicurativi. **Risultati**: L'utilizzo di ChatGPT ha permesso alla compagnia di velocizzare il processo di gestione delle richieste, migliorando l'efficienza operativa e aumentando la soddisfazione dei clienti grazie a risposte rapide e personalizzate. Questo ha anche aiutato a ridurre i costi operativi e a migliorare la precisione nell'elaborazione delle richieste di risarcimento.

Accelerazione della Ricerca Scientifica

Entità: Un laboratorio di ricerca **Strategia**: Uso di ChatGPT per analizzare dati di ricerca, generare ipotesi e scrivere bozze di articoli scientifici. **Risultati**: Il laboratorio ha sperimentato un'accelerazione significativa nel processo di ricerca grazie alla capacità di ChatGPT di elaborare e analizzare rapidamente grandi volumi di dati. La generazione automatizzata di ipotesi e la stesura di bozze di articoli hanno permesso ai ricercatori di concentrarsi su esperimenti e analisi più complesse, aumentando il ritmo delle scoperte scientifiche e la pubblicazione di risultati.

Questi esempi illustrano la versatilità e l'efficacia di ChatGPT quando integrato strategicamente in diversi settori e funzioni aziendali. Dall'ottimizzazione dei processi interni al miglioramento dell'interazione con clienti e utenti, passando per l'innovazione in ricerca e sviluppo, ChatGPT dimostra di essere una risorsa preziosa per le aziende che cercano di sfruttare l'intelligenza artificiale per rimanere competitivi e all'avanguardia nel loro campo. Le possibilità sono virtualmente illimitate, e l'adozione proattiva di questa tecnologia può portare a miglioramenti significativi in termini di efficienza, innovazione e soddisfazione del cliente.

Espansione nel Mercato dei Videogiochi

Azienda: Uno sviluppatore di videogiochi indie **Strategia**: Utilizzo di ChatGPT per generare dialoghi dinamici e storie personalizzate in giochi di ruolo (RPG) e avventure testuali. **Risultati**: Implementando ChatGPT per creare narrazioni e dialoghi reattivi alle scelte dei giocatori, lo sviluppatore è riuscito a offrire un'esperienza di gioco profondamente immersiva e variabile, aumentando l'engagement e la replayability dei suoi titoli. Questa innovazione ha attratto l'attenzione sia dei giocatori che della critica, posizionando l'azienda come leader nell'innovazione narrativa nel settore dei videogiochi indie.

Miglioramento delle Prestazioni Sportive

Entità: Un club di calcio professionistico **Strategia**: Adozione di ChatGPT per analizzare le prestazioni dei giocatori e generare piani di allenamento personalizzati. **Risultati**: Utilizzando ChatGPT per elaborare dati sulle prestazioni in campo e suggerire strategie di allenamento ottimizzate, il club ha migliorato significativamente le prestazioni fisiche e tattiche dei suoi giocatori. Questo approccio basato sui dati ha anche aiutato a ridurre il rischio di infortuni e a ottimizzare la preparazione per le partite importanti, portando a una stagione di successo.

Trasformazione dell'Industria del Libro

Azienda: Una casa editrice **Strategia**: Integrazione di ChatGPT per assistere gli autori nello sviluppo di trame e nella revisione dei manoscritti. **Risultati**: Fornendo agli autori uno strumento AI per la generazione di idee narrative e il supporto nella scrittura, la casa editrice ha potuto aumentare la qualità e la quantità delle pubblicazioni, accelerando il processo di revisione e pubblicazione. Questo ha ampliato il catalogo dell'editore e attratto un pubblico più ampio, consolidando la sua reputazione per l'innovazione e la qualità nel settore editoriale.

Rivoluzione nel Settore del Turismo

Azienda: Un'agenzia di viaggi online **Strategia**: Uso di ChatGPT per offrire consulenza di viaggio personalizzata e assistenza nella prenotazione. **Risultati**: Implementando ChatGPT come assistente di viaggio virtuale, l'agenzia ha fornito ai clienti raccomandazioni su misura e supporto completo nella pianificazione delle vacanze, dalla prenotazione di voli e alloggi all'organizzazione di esperienze locali. Questo servizio personalizzato ha migliorato notevolmente l'esperienza del cliente, incrementando le prenotazioni e rafforzando la lealtà dei clienti.

Innovazione nel Settore del Wellness

Azienda: Una piattaforma di benessere e mindfulness
Strategia: Integrazione di ChatGPT per creare percorsi personalizzati di mindfulness e benessere.
Risultati: Offrendo contenuti personalizzati e interattivi basati sulle preferenze e obiettivi degli utenti, la piattaforma ha potuto aumentare l'engagement degli utenti e promuovere abitudini positive di benessere. Questo approccio personalizzato ha aiutato gli utenti a raggiungere i loro obiettivi di benessere più efficacemente, contribuendo alla crescita e al successo della piattaforma.

Potenziamento dell'Efficacia Organizzativa

Entità: Un'organizzazione non governativa (ONG)
Strategia: Uso di ChatGPT per ottimizzare la comunicazione interna e la gestione dei progetti.
Risultati: Attraverso l'automazione delle comunicazioni e la generazione di report sui progetti, l'ONG ha migliorato l'efficienza operativa, consentendo al personale di concentrarsi maggiormente sull'impatto dei suoi programmi. Questo ha migliorato la capacità dell'organizzazione di realizzare i suoi obiettivi missionari e di aumentare il suo impatto sociale.

Questi esempi dimostrano come ChatGPT possa essere sfruttato per guidare l'innovazione, l'efficienza e la personalizzazione attraverso una vasta gamma di industrie e contesti organizzativi. L'intelligenza artificiale non è solo uno strumento per automatizzare i processi esistenti, ma una risorsa che può aprire nuovi canali di creatività, nuove modalità di interazione con i clienti e nuove strategie per affrontare sfide complesse.

Miglioramento dei Servizi Sanitari

Entità: Un ospedale **Strategia**: Adozione di ChatGPT per migliorare la comunicazione tra medici e pazienti e supportare la diagnosi. **Risultati**: Implementando ChatGPT per fornire ai pazienti informazioni sanitarie personalizzate e assistenza pre-visit, l'ospedale ha notato un miglioramento nella preparazione dei pazienti e nella loro soddisfazione. Inoltre, l'uso di AI per assistere nelle diagnosi preliminari ha aiutato a ridurre il carico di lavoro dei medici, permettendo loro di concentrarsi sui casi più complessi e migliorando l'efficacia del trattamento.

Rivitalizzazione del Settore Retail

Azienda: Un marchio di abbigliamento **Strategia**: Utilizzo di ChatGPT per offrire consulenze di moda virtuali e personalizzare l'esperienza di acquisto online. **Risultati**: Integrando ChatGPT nel suo sito web e nelle app, il marchio ha potuto fornire ai clienti raccomandazioni personalizzate, aumentando le vendite e migliorando la lealtà dei clienti. Questo servizio innovativo ha anche aiutato l'azienda a distinguersi dai concorrenti, attirando nuovi clienti e rafforzando la sua presenza nel mercato digitale.

Ottimizzazione del Settore Energetico

Azienda: Un fornitore di energia **Strategia**: Adozione di ChatGPT per ottimizzare la gestione della domanda e offrire consulenza energetica personalizzata ai consumatori. **Risultati**: Utilizzando ChatGPT per analizzare i dati di consumo e fornire ai clienti consigli su come ridurre il consumo energetico, il fornitore ha migliorato l'efficienza energetica e la soddisfazione del cliente. Questo ha portato a una riduzione dei costi per i consumatori e a una minore pressione sulla rete energetica, contribuendo agli obiettivi di sostenibilità dell'azienda.

Innovazione nel Settore dei Trasporti

Azienda: Un'azienda di mobilità condivisa **Strategia**: Implementazione di ChatGPT per migliorare il routing dei veicoli e personalizzare le esperienze di viaggio. **Risultati**: L'integrazione di ChatGPT ha permesso all'azienda di ottimizzare i percorsi in tempo reale in base al traffico e alle preferenze dei clienti, riducendo i tempi di attesa e migliorando l'efficienza del servizio. Questo ha aumentato l'uso del servizio di mobilità condivisa e rafforzato la posizione dell'azienda come leader innovativo nel settore dei trasporti.

Trasformazione Digitale nel Settore Agricolo

Azienda: Un'azienda agritech **Strategia**: Uso di ChatGPT per fornire agli agricoltori consigli su colture, gestione del suolo e tecniche sostenibili. **Risultati**: Fornendo agli agricoltori accesso a consigli personalizzati e informazioni aggiornate, ChatGPT ha aiutato a migliorare le rese delle colture e a promuovere pratiche agricole sostenibili. Questo ha contribuito all'efficienza operativa degli agricoltori e ha rafforzato la loro capacità di rispondere alle sfide ambientali.

Questi esempi ulteriori illustrano l'ampio impatto che ChatGPT e tecnologie AI correlate possono avere attraverso settori diversificati, non solo migliorando le operazioni esistenti ma anche abilitando nuove strategie per affrontare le sfide globali, migliorare la sostenibilità e arricchire la vita delle persone. Le possibilità offerte dall'integrazione di ChatGPT sono praticamente illimitate, spingendo le aziende a riconsiderare non solo come conducono i loro affari ma anche come possono contribuire in modo significativo alla società e all'ambiente.

Espansione dei Servizi Finanziari Digitali

Azienda: Una startup fintech **Strategia**: Integrazione di ChatGPT per sviluppare assistenti finanziari virtuali che offrano consulenza personalizzata sugli investimenti. **Risultati**: Creando un'interfaccia utente intuitiva che utilizza ChatGPT per interpretare le richieste degli utenti e fornire consigli finanziari, la startup ha visto un aumento dell'adozione dei suoi servizi. Questa personalizzazione ha permesso agli utenti di sentirsi più confidenti nelle loro decisioni di investimento, promuovendo la fidelizzazione dei clienti e l'acquisizione di nuovi utenti interessati a soluzioni finanziarie digitali innovative.

Rivoluzione nel Settore Dell'Ospitalità

Azienda: Una catena di hotel internazionale **Strategia**: Uso di ChatGPT per personalizzare l'esperienza degli ospiti, dalla prenotazione al check-out. **Risultati**: Implementando ChatGPT nei suoi sistemi di prenotazione e assistenza clienti, la catena alberghiera ha offerto un servizio clienti eccezionale, con raccomandazioni personalizzate e assistenza immediata. Questo ha migliorato significativamente l'esperienza dell'ospite, aumentando i tassi di soddisfazione e fedeltà e distinguendo la catena in un mercato competitivo.

Miglioramento delle Operazioni Governative

Entità: Un'agenzia governativa **Strategia**: Integrazione di ChatGPT per automatizzare la fornitura di informazioni e servizi ai cittadini. **Risultati**: Utilizzando ChatGPT per gestire le richieste dei cittadini e fornire informazioni accurate e tempestive, l'agenzia ha potuto migliorare l'efficienza dei servizi pubblici. Questo ha non solo ridotto il carico di lavoro del personale ma ha anche aumentato la trasparenza e l'accessibilità dei servizi governativi, contribuendo a una maggiore fiducia pubblica.

Innovazione nell'Istruzione Superiore

Entità: Un'università **Strategia**: Adozione di ChatGPT per assistere nella ricerca accademica e

nell'apprendimento degli studenti. **Risultati**:
Fornendo agli studenti e al corpo docente accesso a un assistente di ricerca basato su AI, l'università ha potuto migliorare significativamente l'efficienza della ricerca e la personalizzazione dell'apprendimento. Questo ha portato a un miglioramento dei risultati accademici e a una maggiore capacità di intraprendere progetti di ricerca innovativi.

Avanzamenti nel Settore Non Profit

Entità: Un'organizzazione non profit internazionale
Strategia: Uso di ChatGPT per ottimizzare la comunicazione con i donatori e personalizzare le campagne di sensibilizzazione. **Risultati**:
Implementando ChatGPT nelle sue strategie di comunicazione, l'organizzazione è stata in grado di coinvolgere i donatori in modo più efficace, fornendo aggiornamenti personalizzati sulle iniziative in corso e aumentando la partecipazione alle campagne. Questo ha portato a un aumento delle donazioni e a un maggiore impatto delle sue attività a livello globale.

Questi esempi dimostrano ulteriormente come l'integrazione di ChatGPT in vari contesti aziendali e organizzativi possa guidare l'efficienza, l'innovazione e l'impatto sociale. Indipendentemente dal settore, la capacità di ChatGPT di elaborare il linguaggio naturale e generare risposte contestualizzate può trasformare il modo in cui le organizzazioni interagiscono con i loro clienti, gestiscono le operazioni interne e affrontano le sfide complesse. Le aziende e le organizzazioni che adottano proattivamente questa tecnologia non solo ottimizzano le loro operazioni correnti ma pongono anche le basi per il successo futuro in un mondo sempre piùdigitalizzato e orientato ai dati.

Potenziamento dei Servizi di Consulenza

Azienda: Una società di consulenza aziendale **Strategia**: Implementazione di ChatGPT per fornire analisi di mercato e consulenza strategica personalizzate. **Risultati**: Attraverso l'uso di ChatGPT, la società ha potuto elaborare rapidamente grandi quantità di dati di mercato, offrendo ai clienti insight profondi e consigli su misura che hanno guidato decisioni strategiche informate. Questo approccio basato sui dati ha migliorato significativamente l'efficacia delle raccomandazioni della società, rafforzando la sua reputazione nel settore della consulenza e attirando nuovi clienti.

Rivoluzionare l'Industria dei Media

Azienda: Una rete di notizie online **Strategia**: Uso di ChatGPT per generare contenuti notiziari dinamici e personalizzare l'esperienza di lettura per gli utenti. **Risultati**: Integrando ChatGPT nel suo sistema editoriale, la rete di notizie ha offerto ai lettori articoli altamente pertinenti e personalizzati basati sui loro interessi e comportamenti di lettura. Questo ha aumentato significativamente l'engagement degli utenti e il tempo trascorso sulla piattaforma, traducendosi in una maggiore fedeltà degli utenti e in opportunità di monetizzazione migliorate per la rete.

Trasformazione del Settore delle Costruzioni

Azienda: Una compagnia di costruzioni **Strategia**: Adozione di ChatGPT per ottimizzare la gestione del progetto e la comunicazione tra le squadre. **Risultati**: Utilizzando ChatGPT per automatizzare la documentazione del progetto e facilitare la comunicazione in tempo reale tra gli stakeholder del progetto, l'azienda ha migliorato la coordinazione delle squadre e l'efficienza della gestione del progetto. Ciò ha portato a una riduzione dei tempi di consegna, a una diminuzione degli sprechi e a un aumento generale della soddisfazione del cliente.

Innovazione nel Settore del Fitness

Azienda: Una app di fitness **Strategia**: Integrazione di ChatGPT per creare esperienze di allenamento personalizzate e interattive. **Risultati**: Offrendo allenamenti personalizzati e feedback in tempo reale tramite ChatGPT, l'app ha visto un aumento dell'adozione e dell'engagement degli utenti. La personalizzazione ha aiutato gli utenti a raggiungere i loro obiettivi di fitness più efficacemente, migliorando la retention degli utenti e attrarre nuovi utenti attraverso il passaparola.

Miglioramento del Commercio all'Ingrosso

Azienda: Un distributore all'ingrosso **Strategia**: Uso di ChatGPT per ottimizzare l'inventario e migliorare il servizio clienti. **Risultati**: L'implementazione di ChatGPT ha permesso al distributore di analizzare i dati di vendita in tempo reale, ottimizzando la gestione dell'inventario e riducendo i costi associati agli stock invenduti. Inoltre, il miglioramento del servizio clienti tramite risposte rapide e personalizzate ha rafforzato le relazioni con i dettaglianti, aumentando la fedeltà dei clienti e espandendo la base di clienti.

Avanzamento nel Settore Immobiliare Commerciale

Azienda: Una piattaforma di investimenti immobiliari
Strategia: Integrazione di ChatGPT per fornire analisi di investimento personalizzate e supporto decisionale.
Risultati: Fornendo ai suoi utenti analisi dettagliate e consigli personalizzati sugli investimenti immobiliari, la piattaforma ha notevolmente aumentato la soddisfazione e la fiducia degli investitori. Questo approccio personalizzato ha aiutato gli utenti a navigare meglio nel mercato immobiliare, portando a decisioni di investimento più informate e a migliori risultati di investimento.

Questi ulteriori esempi evidenziano la flessibilità e l'efficacia di ChatGPT nel rispondere alle esigenze di un'ampia varietà di settori, sottolineando il suo potenziale come strumento trasversale per il miglioramento e l'innovazione. L'adozione di questa tecnologia permette alle aziende non solo di affrontare le sfide quotidiane in modo più efficiente ma anche di esplorare nuove opportunità di crescita e sviluppo.

Potenziamento dei Servizi Municipali

Entità: Un comune **Strategia**: Uso di ChatGPT per fornire ai cittadini un accesso semplificato a informazioni e servizi comunali. **Risultati**: Implementando ChatGPT come interfaccia tra i cittadini e l'amministrazione comunale, il comune ha notato un miglioramento nell'efficienza della comunicazione e nella soddisfazione dei cittadini. La tecnologia ha facilitato l'accesso a informazioni cruciali e la risoluzione rapida delle richieste, alleggerendo il carico di lavoro degli uffici comunali e promuovendo una maggiore trasparenza e partecipazione civica.

Rivoluzione nel Settore dei Viaggi

Azienda: Un'agenzia di viaggi online **Strategia**: Integrazione di ChatGPT per offrire consulenza di viaggio su misura e supporto alla prenotazione 24/7. **Risultati**: Grazie a ChatGPT, l'agenzia ha potuto fornire ai clienti un servizio altamente personalizzato, aumentando le conversioni e migliorando la fedeltà del cliente. L'assistenza in tempo reale e le raccomandazioni personalizzate hanno reso la pianificazione del viaggio più semplice e piacevole, differenziando l'agenzia in un mercato competitivo.

Miglioramento dell'Esperienza di Shopping Online

Azienda: Un portale di e-commerce **Strategia**: Uso di ChatGPT per personalizzare l'esperienza di shopping e fornire assistenza clienti in tempo reale. **Risultati**:

L'introduzione di ChatGPT ha portato a un aumento significativo dell'engagement degli utenti e delle vendite, grazie alla capacità di offrire raccomandazioni di prodotti personalizzate e supporto immediato. Questo miglioramento dell'esperienza di acquisto ha rafforzato la posizione del portale nel settore e-commerce, attirando nuovi clienti e incrementando la retention degli utenti esistenti.

Innovazione nel Settore dell'Istruzione

Entità: Un istituto di formazione professionale **Strategia**: Adozione di ChatGPT per personalizzare i percorsi di apprendimento e fornire tutoraggio virtuale. **Risultati**: Integrando ChatGPT nelle sue piattaforme di e-learning, l'istituto ha potuto offrire agli studenti un'esperienza educativa altamente personalizzata, migliorando l'engagement e i risultati di apprendimento. Questo approccio innovativo ha aumentato l'attrattiva dei corsi offerti, attirando un maggior numero di studenti e migliorando la reputazione dell'istituto nel settore dell'istruzione.

Rafforzamento della Ricerca Medica

Entità: Un centro di ricerca biomedica **Strategia**: Uso di ChatGPT per accelerare l'analisi di dati scientifici e la generazione di ipotesi di ricerca. **Risultati**: L'adozione di ChatGPT ha permesso ai ricercatori di elaborare rapidamente vasti set di dati e letteratura scientifica, identificando tendenze e generando nuove ipotesi di ricerca in modo più efficiente. Questo ha accelerato il processo di ricerca, contribuendo a scoperte scientifiche più rapide e alla pubblicazione di studi innovativi nel campo della biomedicina.

Questi esempi mettono in luce il ruolo cruciale che ChatGPT e tecnologie AI simili possono svolgere nell'ottimizzazione dei processi, nella personalizzazione dei servizi e nell'innovazione attraverso vari settori. Man mano che le aziende e le organizzazioni continuano ad adattarsi e ad evolversi in risposta ai cambiamenti del mercato e alle aspettative dei consumatori, l'integrazione di ChatGPT offre un'opportunità senza precedenti per rimodellare il modo in cui operano, comunicano e innovano. L'adozione di questa tecnologia non si limita alla semplice automazione dei processi esistenti; si tratta piuttosto di sfruttare la potenza dell'intelligenza artificiale per aprire nuove vie di crescita, creare esperienze utente eccezionali e risolvere problemi complessi in modi prima inimmaginabili.

L'impatto di ChatGPT si estende ben oltre l'ottimizzazione operativa, toccando l'innovazione del prodotto, l'engagement del cliente, la personalizzazione del servizio e l'efficienza organizzativa. Questa tecnologia offre alle aziende gli strumenti per anticipare e soddisfare le esigenze dei clienti in modo più efficace, promuovere una cultura dell'innovazione continua e mantenere un vantaggio competitivo in un ambiente di mercato in rapida evoluzione.

In conclusione, le organizzazioni che integrano con successo ChatGPT e tecnologie AI simili nelle loro strategie operative e di business sono meglio posizionate per navigare le sfide del presente e del futuro. Ciò richiede un impegno verso l'apprendimento continuo, l'adattabilità e l'innovazione, nonché una riflessione etica sulla migliore implementazione di queste tecnologie per garantire che contribuiscano a risultati positivi per l'azienda, i suoi clienti e la società nel suo insieme.

L'evoluzione di ChatGPT e dell'intelligenza artificiale promette di trasformare ulteriormente industrie e settori, aprendo la strada a nuovi modelli di business, a miglioramenti significativi nelle cure sanitarie, nell'istruzione, nella sostenibilità e oltre. Man mano che esploriamo e capitalizziamo queste opportunità, il potenziale per un impatto trasformativo è illimitato, promettendo un futuro in cui la tecnologia AI agisce come un catalizzatore per il progresso, l'innovazione e il miglioramento della qualità della vita su scala globale.

18. Sfide e Limitazioni di ChatGPT: Discussione onesta sulle limitazioni attuali di ChatGPT e come superare le possibili sfide.

Anche se ChatGPT ha dimostrato di essere uno strumento potente con un'ampia gamma di applicazioni, come qualsiasi tecnologia emergente, presenta delle sfide e delle limitazioni. La comprensione e il superamento di queste sfide sono fondamentali per sfruttare al meglio le potenzialità di ChatGPT e mitigare i rischi associati. Di seguito, vengono esplorate alcune delle principali limitazioni di ChatGPT e vengono suggerite strategie per affrontarle.

1. Bias e Affidabilità

Sfida: ChatGPT, come altri modelli di intelligenza artificiale, può manifestare bias presenti nei dati su cui è stato addestrato. Questo può portare a risposte prevenute o inesatte.

Superamento: Per affrontare il problema del bias, è essenziale implementare un processo continuo di valutazione e ricalibrazione del modello, includendo set di dati diversificati nell'addestramento. Inoltre, l'intervento umano nella revisione e nella moderazione delle risposte del modello può aiutare a identificare e correggere i bias.

2. Comprensione del Contesto

Sfida: ChatGPT può avere difficoltà a comprendere il contesto complesso o a mantenere la coerenza in conversazioni lunghe o complesse, portando a risposte che possono sembrare fuori tema o incomprensibili.

Superamento: Migliorare la comprensione del contesto da parte di ChatGPT richiede un affinamento dei meccanismi di attenzione e memoria del modello. L'incorporazione di feedback degli utenti e l'aggiornamento periodico del modello con dati più recenti possono contribuire a migliorare la sua capacità di gestire conversazioni complesse.

3. Aggiornamenti e Conoscenza Attuale

Sfida: ChatGPT può non essere aggiornato con le ultime informazioni o eventi, limitando la sua utilità in contesti che richiedono conoscenze attuali o di tendenza.

Superamento: L'integrazione di ChatGPT con database dinamici o fonti di notizie in tempo reale può aiutare a superare questa limitazione. Inoltre, la creazione di un layer di aggiornamento che permetta al modello di "apprendere" dalle interazioni recenti può mantenere la sua conoscenza aggiornata.

4. Interpretazione Errata delle Query

Sfida: ChatGPT può talvolta interpretare erroneamente le intenzioni dell'utente o la natura della query, portando a risposte irrilevanti o imprecise.

Superamento: Sviluppare interfacce utente più intuitive che guidino gli utenti a formulare le loro query in modo chiaro può aiutare a ridurre le ambiguità. L'uso di tecniche di elaborazione del linguaggio naturale (NLP) per analizzare meglio il contesto e l'intenzione può anche migliorare l'accuratezza delle risposte.

5. Gestione delle Informazioni Sensibili

Sfida: L'uso di ChatGPT in applicazioni che richiedono la gestione di informazioni sensibili o personali solleva preoccupazioni sulla privacy e sulla sicurezza dei dati.

Superamento: Implementare rigorose politiche di sicurezza dei dati e meccanismi di crittografia per proteggere le informazioni sensibili. È inoltre fondamentale assicurare la conformità alle leggi sulla privacy dei dati, come GDPR, attraverso il design e l'operatività del sistema.

6. Dipendenza dalle Risorse Computazionali

Sfida: Il funzionamento di modelli avanzati di AI come ChatGPT richiede significative risorse computazionali, che possono limitare l'accessibilità e aumentare i costi.

Superamento: Ottimizzare l'efficienza computazionale dei modelli di AI attraverso tecniche di compressione dei modelli e inferenza efficiente può aiutare a ridurre queste barriere. L'esplorazione di modelli più leggeri e scalabili può anche contribuire a rendere la tecnologia più accessibile.

7. Relazioni di Causa-Effetto

Sfida:

ChatGPT può lottare nel comprendere e spiegare complesse relazioni di causa-effetto, soprattutto in domini altamente tecnici o scientifici, dove la causalità è critica.

Superamento: Integrare ChatGPT con sistemi esperti o database specifici del dominio che possono fornire analisi causali dettagliate potrebbe aiutare a colmare questa lacuna. La collaborazione con esperti del settore per l'addestramento e la verifica delle risposte del modello può anche migliorare la capacità di ChatGPT di gestire questioni complesse di causa-effetto.

8. Creatività Limitata

Sfida: Nonostante ChatGPT possa generare contenuti creativi, la sua "creatività" è intrinsecamente limitata dalle informazioni sui cui è stato addestrato, potendo talvolta risultare in output prevedibili o mancanti di vera innovazione.

Superamento: L'incrocio di ChatGPT con input umani creativi può spesso produrre risultati sorprendenti, unendo il meglio di entrambi i mondi. L'incoraggiamento degli utenti a iterare o modificare gli output di ChatGPT può anche portare a risultati più innovativi e personalizzati.

9. Responsabilità e Etica

Sfida: Determinare la responsabilità per le azioni consigliate o intraprese da ChatGPT può essere complicato, specialmente in applicazioni critiche come la medicina, il legale o la finanza.

Superamento: Stabilire linee guida chiare sull'uso etico di ChatGPT e sulle aspettative di responsabilità umana nelle decisioni supportate da AI è fondamentale. La formazione degli utenti sulle capacità e i limiti di ChatGPT, assicurando che ci sia sempre un controllo umano finale su decisioni critiche, può aiutare a mitigare i rischi etici e di responsabilità.

10. Sfide nella Traduzione Linguistica

Sfida: Sebbene ChatGPT sia capace di tradurre testi in varie lingue, la precisione e la qualità della traduzione possono variare, specialmente con lingue meno diffuse o in contesti culturalmente complessi.

Superamento: Combinare le capacità di traduzione di ChatGPT con la revisione umana, soprattutto per documenti importanti o sensibili al contesto, può migliorare significativamente la qualità delle traduzioni. Lo sviluppo di modelli specifici per lingua o cultura può anche aiutare a migliorare la precisione in questi contesti.

11. Interazioni Non Lineari e Multi-turno

Sfida: Mantenere una conversazione coesa e significativa su più turni di interazione, specialmente quando gli argomenti si spostano o si approfondiscono, rimane una sfida per ChatGPT.

Superamento: L'evoluzione continua dei modelli di ChatGPT per includere una migliore gestione del contesto e della memoria di conversazione può migliorare la capacità del modello di sostenere interazioni complesse e multi-turno. L'uso di tecniche avanzate di intelligenza artificiale per comprendere e tracciare il contesto della conversazione attraverso più scambi può facilitare dialoghi più naturali e significativi.

Affrontare queste sfide richiede un approccio olistico che combina innovazioni tecniche, supervisione umana, e considerazioni etiche. Mentre ChatGPT e tecnologie simili continuano a evolversi, la collaborazione tra sviluppatori, utenti e stakeholder del settore sarà cruciale per superare questi ostacoli e sbloccare il pieno potenziale dell'AI nella società.

12. Affidabilità delle Fonti di Informazione

Sfida: ChatGPT può generare risposte basate su informazioni estratte da fonti non verificate o inesatte, portando a potenziali diffusione di informazioni errate.

Superamento: L'implementazione di meccanismi di verifica delle fonti all'interno dei processi di addestramento di ChatGPT può aiutare a migliorare l'affidabilità delle informazioni fornite. Inoltre, l'incoraggiamento degli utenti a consultare fonti primarie o a cercare conferme attraverso canali ufficiali può fungere da ulteriore livello di sicurezza contro la diffusione di informazioni inesatte.

13. Interazione con Minori

Sfida: Quando ChatGPT viene utilizzato da o per interagire con minori, sorgono preoccupazioni riguardanti la sicurezza, la privacy e la pertinenza dei contenuti.

Superamento: Lo sviluppo di versioni di ChatGPT specificamente adattate per l'uso da parte dei minori, con filtri di contenuto robusti e protocolli di sicurezza, può mitigare i rischi associati. È anche importante l'educazione di genitori e tutori sull'uso sicuro di tali tecnologie.

14. Accessibilità

Sfida: Assicurare che ChatGPT sia accessibile a utenti con disabilità, inclusi quelli con limitazioni visive, uditive o cognitive, rimane una sfida.

Superamento: L'adozione di principi di design inclusivo e l'integrazione di funzionalità di accessibilità, come la lettura dello schermo e i comandi vocali, possono rendere ChatGPT più accessibile. Lavorare con organizzazioni che rappresentano persone con disabilità per testare e migliorare queste funzionalità è cruciale.

15. Gestione delle Aspettative

Sfida: Gli utenti possono avere aspettative irrealistiche sulle capacità di ChatGPT, portando a frustrazioni e possibili insoddisfazioni.

Superamento: Una comunicazione chiara sulle capacità e i limiti di ChatGPT, insieme a istruzioni su come interagire efficacemente con il sistema, può aiutare a gestire le aspettative degli utenti. Fornire esempi di uso efficace e suggerimenti per ottenere i migliori risultati può migliorare l'esperienza dell'utente.

16. Continuità e Mantenimento

Sfida: Assicurare la continuità del servizio e il mantenimento costante di ChatGPT per adattarsi alle mutevoli esigenze degli utenti e all'evoluzione tecnologica è impegnativo.

Superamento: L'istituzione di un solido piano di sviluppo e mantenimento, che includa aggiornamenti regolari del modello e revisioni basate sul feedback degli utenti, è fondamentale. Collaborare con la comunità degli sviluppatori e gli stakeholder per anticipare e rispondere ai cambiamenti può garantire che ChatGPT rimanga rilevante e utile.

17. Scalabilità

Sfida: Scalare ChatGPT per gestire un numero crescente di utenti e richieste senza compromettere la qualità del servizio può essere difficile.

Superamento: Ottimizzare l'infrastruttura sottostante e utilizzare strategie di caching e distribuzione del carico può aiutare a gestire volumi elevati di traffico. Inoltre, l'adozione di architetture cloud scalabili può fornire la flessibilità necessaria per adattarsi alla domanda dinamica.

Affrontare queste sfide richiede un impegno continuo verso l'innovazione, la trasparenza e la collaborazione. Man mano che ChatGPT evolve, così deve fare l'ecosistema che lo circonda, compresi gli sviluppatori, gli utenti e i regolatori, lavorando insieme per sfruttare i benefici dell'IA mantenendo un alto livello di responsabilità etica e operativa.

18. Interoperabilità con Altri Sistemi

Sfida: Assicurare che ChatGPT possa integrarsi e interoperare efficacemente con un'ampia gamma di altri sistemi e tecnologie può essere complesso, data la diversità degli ambienti IT esistenti nelle organizzazioni.

Superamento: Adottare standard aperti e API flessibili per facilitare l'integrazione di ChatGPT con vari sistemi, sia interni che esterni, può aiutare a superare le sfide di interoperabilità. Collaborare con fornitori di tecnologia e sviluppatori per garantire che le integrazioni siano robuste, sicure e scalabili è essenziale per il successo a lungo termine.

19. Gestione della Conoscenza

Sfida: Man mano che ChatGPT interagisce con gli utenti, accumula una vasta quantità di informazioni che potrebbero essere utilizzate per migliorare ulteriormente le sue capacità. Tuttavia, gestire questa conoscenza in modo che rimanga pertinente, aggiornata e rispettosa della privacy rappresenta una sfida.

Superamento: Implementare sistemi di gestione della conoscenza che possano categorizzare, archiviare e aggiornare le informazioni raccolte durante le interazioni con gli utenti può migliorare l'efficacia di ChatGPT. È cruciale assicurare che questi sistemi siano progettati con la privacy e la sicurezza dei dati in mente, adottando principi di minimizzazione dei dati e consentendo agli utenti di controllare le loro informazioni.

20. Sostenibilità Ambientale

Sfida: L'operazione di modelli di AI avanzati come ChatGPT richiede una notevole quantità di energia, sollevando preoccupazioni riguardanti l'impatto ambientale della crescente domanda di capacità di calcolo.

Superamento: Ricerca e investimento in centri dati più efficienti dal punto di vista energetico e in fonti di energia rinnovabile possono aiutare a mitigare l'impronta di carbonio di ChatGPT e altri sistemi AI simili. Inoltre, l'ottimizzazione dei modelli per ridurre il consumo energetico senza compromettere le prestazioni rappresenta un'area chiave di innovazione.

21. Adattabilità Culturale e Linguistica

Sfida: Garantire che ChatGPT possa comprendere e rispondere in modo appropriato a utenti di diverse culture e lingue è fondamentale per la sua efficacia su scala globale, ma rappresenta una sfida data la complessità delle sfumature culturali e linguistiche.

Superamento: L'addestramento di ChatGPT su set di dati diversificati e la sua localizzazione per specifiche regioni e culture può migliorare la sua adattabilità. La collaborazione con esperti culturali e linguistici per affinare le risposte di ChatGPT e garantire che siano sensibili al contesto culturale e appropriati può arricchire significativamente la sua utilità e accettazione a livello globale.

22. Evoluzione delle Normative

Sfida: Il rapido sviluppo dell'IA, inclusi sistemi come ChatGPT, sfida i quadri normativi esistenti, richiedendo un aggiornamento continuo delle leggi e delle regolamentazioni per tenere il passo con le innovazioni tecnologiche.

Superamento: Un dialogo continuo tra i creatori di tecnologia, i legislatori e gli stakeholder della società è essenziale per sviluppare un quadro normativo che sia sia abilitante che protettivo. Questo include l'elaborazione di linee guida etiche, la promozione della trasparenza nell'uso dell'IA e la garanzia che i diritti e le libertà individuali siano salvaguardati.

Superare queste sfide richiede un approccio collaborativo e multidisciplinare, coinvolgendo una varietà di competenze e prospettive. Man mano che ChatGPT e tecnologie simili continuano a evolversi, il loro potenziale per trasformare positivamente la società cresce, a condizione che si affrontino in modo proattivo le questioni legate alla loro implementazione e utilizzo.

23. Accesso Equo e Inclusività

Sfida: Assicurare che l'accesso a tecnologie avanzate come ChatGPT sia equo e non limitato solo a coloro che hanno risorse finanziarie o tecniche, affrontando il divario digitale e promuovendo l'inclusività.

Superamento: Lavorare per rendere ChatGPT e tecnologie simili disponibili su piattaforme accessibili e a basso costo, e sviluppare programmi educativi che migliorino la competenza digitale in comunità meno rappresentate. L'impegno attivo con organizzazioni no-profit, istituzioni educative e gruppi comunitari può aiutare a democratizzare l'accesso all'intelligenza artificiale.

24. Autenticità e Creatività Umana

Sfida: Mentre ChatGPT può generare contenuti che imitano l'ingegnosità umana, c'è il rischio di diminuire il valore percepito dell'autenticità e della creatività umana in alcuni campi, come la scrittura, l'arte e il design.

Superamento: Promuovere una cultura che apprezza la collaborazione tra uomo e macchina, dove l'intelligenza artificiale è vista come uno strumento che amplifica la creatività umana piuttosto che sostituirla. L'incoraggiamento di progetti che evidenziano l'unicità della creatività umana e l'utilizzo di AI come mezzo per esplorare nuove forme di espressione può mantenere l'equilibrio tra innovazione tecnologica e valore della creatività umana.

25. Comprensione Profonda e Empatia

Sfida: Nonostante i progressi nell'elaborazione del linguaggio naturale, ChatGPT e sistemi simili non possiedono una vera comprensione o empatia, il che può limitare la loro efficacia in applicazioni che richiedono una profonda comprensione emotiva o culturale.

Superamento: Integrare il feedback umano e i dati emotivi nel processo di apprendimento di ChatGPT può aiutare a migliorare le sue risposte in contesti che richiedono sensibilità emotiva. La collaborazione tra AI e esperti umani in settori come la psicologia, l'assistenza sociale e le scienze umane può arricchire la capacità di ChatGPT di rispondere in modo più empatico e contestualmente appropriato.

26. Sicurezza e Manipolazione

Sfida: La potenziale manipolazione di ChatGPT per diffondere disinformazione o per scopi malevoli solleva preoccupazioni sulla sicurezza e sull'integrità delle informazioni.

Superamento: Sviluppare e implementare robusti meccanismi di sicurezza e monitoraggio per prevenire l'abuso di ChatGPT. La collaborazione con esperti di sicurezza informatica, l'adozione di politiche di verifica delle informazioni e la sensibilizzazione degli utenti sui rischi di disinformazione possono contribuire a mitigare queste preoccupazioni.

27. Equilibrio tra Automazione e Occupazione

Sfida: L'automazione tramite ChatGPT e tecnologie simili solleva preoccupazioni sul potenziale impatto sul mercato del lavoro e sulla sostituzione di posti di lavoro umani.

Superamento: Promuovere una visione dell'automazione come complemento al lavoro umano piuttosto che una sostituzione. Investire nella formazione e nel riallineamento dei lavoratori per competenze che lavorano a fianco dell'IA, enfatizzando ruoli che richiedono giudizio umano, creatività e interazione personale, può aiutare a navigare nella transizione verso economie più automatizzate mantenendo la dignità e l'importanza del lavoro umano.

Affrontare queste sfide richiede un impegno condiviso da parte dei creatori di tecnologia, dei decisori politici, dei leader aziendali e della società nel suo insieme per garantire che l'evoluzione e l'adozione di ChatGPT siano guidate da principi di equità, etica e trasparenza. Solo attraverso un dialogo aperto, una collaborazione interdisciplinare e un impegno verso l'apprendimento e l'adattamento continui possiamo sfruttare pienamente il potenziale di ChatGPT e delle tecnologie di intelligenza artificiale similari, garantendo al contempo che portino beneficio a tutta la società in modo responsabile e sostenibile.

La transizione verso un futuro in cui ChatGPT e l'IA giocano un ruolo centrale nei nostri sistemi economici, sociali e personali richiede non solo l'innovazione tecnologica, ma anche un'evoluzione nelle nostre strutture normative, nei nostri modelli di business e nelle nostre norme etiche. Dobbiamo affrontare proattivamente le questioni di bias, privacy, sicurezza dei dati, equità di accesso, e impatto sul lavoro, integrando le considerazioni etiche sin dalle fasi iniziali di sviluppo e implementazione della tecnologia.

Inoltre, è fondamentale che l'educazione e la formazione evolvano per preparare le persone a interagire efficacemente con l'IA, comprendendone sia le capacità che i limiti. La collaborazione tra settori—dall'istruzione alla sanità, dal governo all'industria—può facilitare la condivisione delle migliori pratiche e accelerare l'adozione di standard etici globali per lo sviluppo e l'uso dell'IA.

Infine, dobbiamo impegnarci in una riflessione continua sul tipo di futuro che vogliamo costruire con l'aiuto dell'IA. Questo comporta il riconoscimento che, mentre l'IA come ChatGPT può offrire soluzioni a molte delle nostre sfide più pressanti, la sua implementazione dovrebbe essere guidata da una visione umanistica che valorizza l'autonomia individuale, promuove la giustizia sociale e cerca di migliorare il benessere collettivo. Attraverso questo approccio olistico e multidimensionale, possiamo sperare di superare le sfide e limitazioni di ChatGPT e di navigare con successo il paesaggio in evoluzione dell'IA, sfruttando le sue enormi potenzialità per il progresso umano.

19. Il Futuro di ChatGPT e AI nel Business: Speculazioni educate sul futuro di ChatGPT, intelligenza artificiale, e il loro impatto sul mondo degli affari.

Il futuro di ChatGPT e dell'intelligenza artificiale (AI) nel mondo degli affari si prospetta pieno di potenzialità trasformative, ma anche di sfide significative. Le speculazioni sul futuro di queste tecnologie si basano su tendenze attuali e progressi previsti, delineando scenari in cui l'AI potrebbe riplasmare settori, modelli operativi e interazioni nel panorama aziendale. Di seguito, alcuni spunti su come ChatGPT e l'AI potrebbero influenzare il futuro del business.

Personalizzazione su Larga Scala

L'evoluzione di ChatGPT e tecnologie AI simili permetterà alle aziende di offrire una personalizzazione senza precedenti in scala, da prodotti e servizi a esperienze utente. Le interazioni con i clienti diventeranno sempre più sofisticate, consentendo alle aziende di anticipare le esigenze dei clienti e offrire soluzioni su misura in tempo reale.

Decisioni Basate sui Dati

L'AI trasformerà il processo decisionale aziendale rendendolo più orientato ai dati e predittivo. Gli algoritmi potranno analizzare vasti volumi di dati per identificare tendenze, rischi e opportunità, aiutando i leader aziendali a prendere decisioni informate e strategiche con maggiore velocità ed efficacia.

Automazione e Efficienza Operativa

L'adozione crescente dell'AI porterà a un'ulteriore automazione delle operazioni aziendali, dalla gestione della supply chain al servizio clienti, alla produzione. Questo non solo aumenterà l'efficienza e ridurrà i costi, ma anche libererà il personale umano per concentrarsi su compiti ad alto valore aggiunto che richiedono creatività e giudizio umano.

Nuovi Modelli di Business

ChatGPT e l'AI apriranno la strada a nuovi modelli di business e opportunità di revenue, compresa la creazione di nuovi mercati e la trasformazione di quelli esistenti. Le aziende potranno sfruttare l'AI per innovare i loro prodotti e servizi, creando offerte che erano impossibili prima dell'avvento di queste tecnologie.

Cambiamenti nel Mercato del Lavoro

Mentre l'AI automatiserà alcune funzioni, emergeranno anche nuovi ruoli, richiedendo una forza lavoro qualificata in grado di lavorare efficacemente con le tecnologie intelligenti. Ciò richiederà un significativo investimento nella formazione e nello sviluppo delle competenze, nonché un ripensamento dei percorsi educativi per preparare le future generazioni.

Sfide Etiche e di Regolamentazione

Man mano che ChatGPT e l'AI diventano più integrati nel mondo degli affari, le questioni etiche e di regolamentazione guadagneranno importanza. Le aziende dovranno navigare complesse questioni legate alla privacy dei dati, alla sicurezza informatica, al bias algoritmico e all'impatto sociale delle loro tecnologie, richiedendo un approccio proattivo e responsabile.

Collaborazione Uomo-Macchina

Il futuro vedrà una maggiore enfasi sulla collaborazione tra uomo e macchina, con l'AI che agisce come partner e assistente, piuttosto che come sostituto del lavoro umano. Questa sinergia potenzierà le capacità umane e porterà a nuovi livelli di creatività e innovazione.

In conclusione, mentre ChatGPT e l'AI promettono di portare cambiamenti significativi nel mondo degli affari, il successo nella loro implementazione dipenderà dalla capacità delle aziende di adattarsi, innovare e affrontare le sfide etiche e sociali associate. L'attenzione alla formazione, all'equità, alla sostenibilità e alla collaborazione sarà cruciale per realizzare il potenziale positivo dell'AI nel business e nella società nel suo insieme.

Integrazione Profonda nei Processi Aziendali

Man mano che ChatGPT e l'AI maturano, diventeranno sempre più integrati in quasi tutti gli aspetti dei processi aziendali. L'intelligenza artificiale non sarà più vista solo come uno strumento o un assistente, ma come un componente fondamentale che guida l'innovazione, la gestione delle risorse, il marketing, le vendite e oltre. Questa profonda integrazione permetterà alle aziende di operare con una reattività senza precedenti ai cambiamenti del mercato e alle esigenze dei clienti.

Espansione del Ruolo dell'AI nell'Esperienza del Cliente

L'esperienza del cliente sarà reinventata attraverso l'uso di ChatGPT e tecnologie AI correlate, offrendo un livello di personalizzazione e interazione finora inimmaginabile. Dalle interfacce conversazionali che guidano gli utenti attraverso esperienze di acquisto personalizzate, all'uso di AI per prevedere e soddisfare le esigenze dei clienti prima che diventino esplicite, le

aziende saranno in grado di costruire relazioni più forti
e significative con il loro pubblico.

Rivoluzione nella Gestione dei Dati

Con l'aumento esponenziale della quantità di dati
generati dalle attività aziendali e dagli utenti, ChatGPT
e l'AI giocheranno un ruolo cruciale nella gestione e
nell'analisi di questi dati. La capacità di estrarre insight
significativi da vasti repository di dati in tempo reale
consentirà alle aziende di prendere decisioni
strategiche informate rapidamente, ottimizzando le
operazioni e scoprendo nuove opportunità di mercato.

Sfide nella Sicurezza e nella Privacy dei Dati

La crescente dipendenza dall'AI e dalla raccolta dati
solleva preoccupazioni significative riguardo alla
sicurezza e alla privacy dei dati. Le aziende dovranno
affrontare queste sfide implementando solide misure di
sicurezza e aderendo a standard rigorosi di protezione
dei dati per mantenere la fiducia dei clienti e
conformarsi alle normative globali sulla privacy.

Innovazione Continua e Velocità di Adattamento

L'evoluzione rapida di ChatGPT e dell'AI richiederà alle
aziende di adottare un approccio agile e flessibile
all'innovazione e allo sviluppo di prodotti. La capacità
di sperimentare rapidamente con nuove tecnologie e di
adattarsi rapidamente ai risultati sarà essenziale per
mantenere un vantaggio competitivo in un mercato in
continua evoluzione.

Nuove Competenze e Ruoli Lavorativi

L'ascesa dell'AI nel business creerà nuove competenze
e ruoli lavorativi, richiedendo una forza lavoro in grado
di collaborare efficacemente con la tecnologia
intelligente. Le aziende dovranno investire nella
formazione e nello sviluppo delle competenze dei loro
dipendenti, oltre a reclutare talenti specializzati in AI,
data science e ingegneria dei sistemi per guidare
l'innovazione.

Impatto Etico e Sociale

Le implicazioni etiche e sociali dell'uso dell'AI nel
business richiederanno un'attenzione crescente. Le
aziende dovranno non solo concentrarsi sull'efficienza
e sul profitto ma anche considerare l'impatto delle loro
decisioni sull'ambiente, sulla società e sulla vita delle
persone. L'adozione di un quadro etico per lo sviluppo
e l'uso dell'AI sarà fondamentale per garantire che le
innovazioni tecnologiche contribuiscano a un futuro
sostenibile e equo.

Collaborazione Globale e Standardizzazione

Infine, il futuro di ChatGPT e dell'AI nel business vedrà
una maggiore enfasi sulla collaborazione globale e sulla
standardizzazione delle pratiche di AI. Condividere
conoscenze, risorse e migliori pratiche tra settori e
confini aiuterà a superare le sfide comuni e a
massimizzare i benefici dell'AI per tutte le parti
interessate. La definizione di standard globali per lo
sviluppo etico e responsabile dell'AI faciliterà anche

l'adozione su larga scala di queste tecnologie, promuovendo l'innovazione e la crescita in vari settori.

Sviluppo Sostenibile Guidato dall'AI

La crescente preoccupazione per le questioni ambientali e di sostenibilità vedrà le aziende sfruttare ChatGPT e altre tecnologie AI per ottimizzare le loro pratiche verso soluzioni più verdi e sostenibili. Dall'ottimizzazione delle catene di approvvigionamento per ridurre gli sprechi alla previsione delle tendenze di consumo per una produzione più efficiente, l'AI avrà un ruolo fondamentale nel guidare le strategie di sviluppo sostenibile. Questo non solo aiuterà le aziende a ridurre il loro impatto ambientale ma anche a rispondere alla crescente domanda dei consumatori per prodotti e servizi eco-compatibili.

Democratizzazione dell'Accesso all'AI

Man mano che la tecnologia diventa più accessibile, vedremo una democratizzazione dell'accesso all'AI, con piccole imprese e startup che adottano ChatGPT e strumenti simili per competere su scala globale. Questa tendenza abbatterà alcune delle barriere all'ingresso tradizionalmente elevate in molti settori, stimolando l'innovazione e offrendo ai consumatori una scelta più ampia e diversificata di prodotti e servizi.

Espansione dell'AI nella Vita Quotidiana

L'impatto di ChatGPT e dell'AI si estenderà ben oltre il mondo degli affari, diventando una parte integrante della vita quotidiana delle persone. Dall'assistenza personale alla salute, dall'educazione al tempo libero, l'AI personalizzata e conversazionale sarà presente in quasi tutti gli aspetti della vita quotidiana, offrendo un livello di assistenza e comodità senza precedenti.

Intelligenza Artificiale Generativa

L'evoluzione di ChatGPT segnalerà anche l'ascesa dell'intelligenza artificiale generativa, con capacità che vanno oltre il trattamento del linguaggio naturale per includere la creazione di immagini, video, musica e contenuti digitali interattivi. Questa espansione dell'AI generativa aprirà nuovi orizzonti creativi e commerciali, trasformando settori come il marketing, l'intrattenimento e il design.

Questioni di Governance dell'AI

Con l'aumento dell'importanza dell'AI nei processi decisionali aziendali e nella società, emergeranno questioni complesse di governance dell'AI. Le organizzazioni dovranno affrontare dilemmi su chi ha il controllo sulle decisioni prese dall'AI, come vengono gestiti i dati utilizzati e generati dalle IA, e come si bilanciano efficienza, etica e trasparenza. La creazione di framework di governance dell'AI che siano equi, trasparenti e responsabili sarà fondamentale per mantenere la fiducia pubblica e assicurare che l'AI venga utilizzata per il bene comune.

Collaborazione Uomo-AI come Nuova Norma

Infine, la collaborazione tra umani e AI diventerà la nuova norma in molti aspetti del lavoro e della vita.

Questo richiederà un ripensamento delle competenze lavorative e personali, con un'enfasi sull'apprendimento permanente, sulla flessibilità e sull'adattabilità. Le competenze umane come il pensiero critico, la creatività, l'empatia e l'etica assumeranno un'importanza ancora maggiore, complementari alle capacità analitiche e di elaborazione delle IA.

In conclusione, il futuro di ChatGPT e dell'intelligenza artificiale nel mondo degli affari e oltre è ricco di potenzialità esaltanti ma anche di sfide significative. Navigare questo futuro richiederà un impegno collettivo per l'innovazione responsabile, la collaborazione interdisciplinare e un impegno profondo per l'etica e la sostenibilità. Mentre progettiamo e implementiamo queste potenti tecnologie, dobbiamo farlo con uno sguardo attento ai loro impatti più ampi sulla società, sull'ambiente e sul benessere umano, assicurando che il progresso tecnologico avanzi di pari passo con il progresso umano e sociale.

Il cammino verso l'integrazione piena e responsabile di ChatGPT e dell'IA nel tessuto del business globale sarà caratterizzato da un equilibrio tra sfruttare le opportunità offerte da queste tecnologie e affrontare i dilemmi etici, sociali e ambientali che esse portano. Le aziende, indipendentemente dalla loro dimensione o settore, avranno il compito non solo di adottare l'IA per i propri vantaggi competitivi ma anche di agire come custodi di una transizione tecnologica che rispetti e valorizzi l'umanità in ogni suo aspetto.

Per realizzare un futuro in cui ChatGPT e l'IA generano un impatto positivo, sarà essenziale:

- **Promuovere l'Alfabetizzazione Digitale e l'IA**: Educare la popolazione globale sulle potenzialità e sui rischi dell'IA, migliorando l'alfabetizzazione digitale a tutti i livelli della società per garantire che le persone possano interagire in modo informato e critico con le tecnologie emergenti.

- **Incoraggiare la Partecipazione Inclusiva**: Assicurare che le voci di tutte le comunità, comprese quelle tradizionalmente sottorappresentate nel campo tecnologico, siano ascoltate nella fase di sviluppo e implementazione dell'IA, per garantire che le soluzioni sviluppate siano veramente inclusive e equitative.

- **Adottare Principi di AI Etica**: Integrare principi etici guida nel design, nello sviluppo e nell'uso dell'IA, assicurando che queste tecnologie siano utilizzate in modo che rispetti la dignità umana, la privacy, i diritti e la libertà individuale.

- **Sostenere la Collaborazione Interdisciplinare**: Favorire la collaborazione tra sviluppatori di tecnologia, leader aziendali, decisori politici, accademici e attivisti sociali per costruire un ecosistema di IA che sia sostenibile, etico e orientato al benessere collettivo.

- **Prepararsi alla Trasformazione del Lavoro**: Affrontare proattivamente l'impatto dell'IA sul mercato del lavoro attraverso politiche che promuovano la riqualificazione, l'educazione continua e il sostegno alla transizione per i lavoratori influenzati dalla digitalizzazione e dall'automazione.

- **Promuovere la Sostenibilità Ambientale**: Utilizzare l'IA per affrontare sfide ambientali globali, come il cambiamento climatico e la perdita di biodiversità, e integrare considerazioni di sostenibilità nei processi di sviluppo dell'IA per minimizzare l'impronta ecologica delle tecnologie digitali.

In sintesi, il futuro di ChatGPT e dell'IA nel business e oltre è pieno di promesse di trasformazione e innovazione. Tuttavia, realizzare questo futuro richiederà un impegno collettivo per navigare con saggezza e umanità le complesse sfide che queste tecnologie presentano. Attraverso un impegno condiviso verso l'innovazione responsabile e l'etica, possiamo aspirare a costruire un mondo in cui l'IA arricchisca la società, potenzi l'economia e promuova una maggiore armonia tra tecnologia, natura e umanità.

20. Risorse e Strumenti Aggiuntivi: Fornire una lista di risorse, corsi, strumenti, e comunità per chi vuole approfondire l'uso di ChatGPT e AI nel business.

Per coloro che desiderano approfondire l'uso di ChatGPT e l'intelligenza artificiale nel business, esistono numerose risorse, corsi, strumenti e comunità che possono offrire conoscenze preziose, formazione pratica e opportunità di networking. Ecco una selezione di risorse consigliate:

Corsi Online

1. **Coursera**: Offre una vasta gamma di corsi sull'IA e il machine learning da istituzioni rinomate come Stanford University, deeplearning.ai e IBM.

2. **Udacity**: Fornisce nanodegree in intelligenza artificiale, machine learning e data science, con progetti pratici e revisioni di esperti del settore.

3. **edX**: Piattaforma che offre corsi gratuiti e a pagamento sull'IA e tecnologie correlate da università di prestigio come MIT e Harvard.

4. **Fast.ai**: Corsi pratici e accessibili sull'apprendimento profondo e l'IA, con un focus sulla realizzazione di progetti reali.

Libri e Pubblicazioni

1. **"Hands-On Machine Learning with Scikit-Learn, Keras, and TensorFlow"** di Aurélien Géron: Una guida pratica per comprendere l'apprendimento automatico e l'apprendimento profondo.

2. **"AI Superpowers: China, Silicon Valley, and the New World Order"** di Kai-Fu Lee: Esplora l'ascesa dell'IA e il suo impatto globale sul business e sull'economia.

3. **"Deep Learning"** di Ian Goodfellow, Yoshua Bengio e Aaron Courville: Un testo di riferimento sull'apprendimento profondo.

Strumenti e Framework

1. **TensorFlow**: Una piattaforma open-source di machine learning sviluppata da Google Brain, adatta sia per la ricerca che per l'applicazione pratica.

2. **PyTorch**: Un framework di machine learning open-source sviluppato da Facebook's AI Research lab, noto per la sua flessibilità e velocità.

3. **OpenAI GPT-3**: Accedi all'API di OpenAI per sperimentare direttamente con GPT-3, il predecessore di ChatGPT, per generare testo, tradurre lingue, rispondere a domande e altro.

Comunità e Forum

1. **Reddit (r/MachineLearning, r/deeplearning, r/LanguageTechnology)**: Questi subreddit sono ottimi luoghi per discutere le ultime ricerche, trovare consigli e condividere progetti.

2. **GitHub**: Una vasta comunità di sviluppatori che condividono progetti open-source su AI, machine learning e apprendimento profondo. Esplorare i repository può offrire ispirazione e codice riutilizzabile.

3. **Stack Overflow**: Una risorsa inestimabile per trovare soluzioni a problemi specifici di programmazione e apprendere dai professionisti del settore.

Conferenze e Workshop

1. **NeurIPS (Conference on Neural Information Processing Systems)**: Una delle principali conferenze di ricerca sull'apprendimento automatico e l'intelligenza computazionale.

2. **ICML (International Conference on Machine Learning)**: Un'altra conferenza di riferimento che presenta gli ultimi progressi nel campo del machine learning.

3. **AI in Business Summit**: Un evento che esplora come l'AI sta trasformando il mondo

degli affari, offrendo casi di studio, workshop e opportunità di networking.

Approfondire l'uso di ChatGPT e l'AI nel business richiede un impegno costante per l'apprendimento e la sperimentazione. Sfruttare queste risorse può fornire una solida base di conoscenze e competenze pratiche, nonché ispirazione per innovare e guidare il cambiamento nel proprio campo o organizzazione.

Nell'era digitale in continua evoluzione, l'impegno nel mantenere aggiornate le proprie conoscenze e competenze in campo di intelligenza artificiale e ChatGPT è fondamentale per professionisti, imprenditori e organizzazioni che aspirano a rimanere competitivi e innovativi. La vastità e la profondità delle risorse disponibili offrono opportunità senza precedenti per l'apprendimento e lo sviluppo professionale, permettendo agli interessati di navigare efficacemente le sfide e cogliere le opportunità presentate da queste tecnologie rivoluzionarie.

L'accesso a corsi online di alta qualità, libri approfonditi, strumenti avanzati e comunità di supporto consente agli individui di acquisire una comprensione robusta dei principi fondamentali dell'IA e di sviluppare le competenze pratiche necessarie per applicare queste tecnologie in scenari aziendali reali. Dall'automazione dei processi interni alla creazione di nuove esperienze per i clienti, le competenze in IA e ChatGPT possono trasformare il modo in cui le aziende operano, innovano e competono.

Partecipare a conferenze e workshop offre inoltre preziose opportunità per rimanere al passo con i progressi più recenti nel campo, incontrare esperti e leader di pensiero, e stabilire collaborazioni strategiche. Questi eventi sono cruciale per comprendere come le tendenze emergenti stiano plasmando il futuro dell'IA nel business e come prepararsi adeguatamente per sfruttare queste tendenze.

Tuttavia, l'adozione responsabile e etica dell'IA e di ChatGPT richiede più che una semplice competenza tecnica; richiede una riflessione approfondita sulle implicazioni etiche, sociali e legali dell'uso di queste tecnologie. La costruzione di un futuro in cui l'IA potenzia e arricchisce la società necessiterà di un dialogo continuo tra tutte le parti interessate, comprese le aziende, i consumatori, i legislatori e la comunità scientifica. Solo attraverso un impegno collettivo per lo sviluppo responsabile e l'uso etico dell'IA possiamo garantire che queste tecnologie contribuiscano positivamente alla società e promuovano il progresso umano.

In conclusione, mentre esploriamo le immense potenzialità dell'intelligenza artificiale e di ChatGPT nel mondo degli affari, dobbiamo anche affrontare con saggezza le sfide che accompagnano queste innovazioni. Attingendo da una varietà di risorse, strumenti e comunità, possiamo equipaggiarci con le conoscenze e le competenze necessarie per navigare con successo il panorama dell'IA, promuovendo al contempo un futuro in cui la tecnologia agisce come forza per il bene, guidata da valori umani fondamentali e un impegno per la sostenibilità e l'equità.

Conclusione del Libro

Questo libro ha esplorato in profondità l'evoluzione e l'impatto di ChatGPT e dell'intelligenza artificiale nel mondo del business, toccando temi dalla loro introduzione e storia, alle basi pratiche, fino alle implicazioni future. Abbiamo discusso come queste tecnologie stanno trasformando settori, ottimizzando processi e creando nuove opportunità per innovazione e crescita. Abbiamo anche affrontato le sfide etiche, le questioni di sicurezza e privacy, e le implicazioni lavorative, enfatizzando l'importanza dell'uso responsabile e etico dell'IA.

Per coloro che desiderano approfondire ulteriormente o rimanere aggiornati sulle ultime novità e tendenze in questo campo dinamico, ci sono numerose risorse disponibili online. Ecco alcuni siti web e guide utili per l'utente finale:

- **OpenAI** (openai.com): Il sito ufficiale di OpenAI offre accesso a documentazione, ricerche e prodotti legati a ChatGPT e altre tecnologie di IA.

- **Coursera** (coursera.org): Una piattaforma per corsi online che offre formazione su intelligenza artificiale, machine learning e altre tecnologie emergenti da università e istituzioni leader a livello mondiale.

- **GitHub** (github.com): Una piattaforma essenziale per trovare progetti open-source legati all'IA, script di ChatGPT e collaborare con la comunità di sviluppatori.

- **arXiv** (arxiv.org): Un archivio accessibile di preprint di ricerca che copre una vasta gamma di campi, compresa l'intelligenza artificiale, dove si possono trovare gli ultimi studi e innovazioni.

- **AI conferences**: Tenere d'occhio le principali conferenze su AI come NeurIPS, ICML, e AAAI, può fornire insight sulle ultime ricerche e tendenze nel campo.

- **LinkedIn e Twitter**: Seguire leader di pensiero, aziende e accademici nel campo dell'IA su piattaforme social come LinkedIn e Twitter è un ottimo modo per ricevere aggiornamenti regolari e partecipare a discussioni pertinenti.

- **Blogs e Newsletter**: Siti come Towards Data Science su Medium offrono articoli accessibili su IA e machine learning. Iscriversi a newsletter specifiche del settore, come "The Algorithm" di MIT Technology Review, può anche aiutare a rimanere informati.

In conclusione, mentre ci avventuriamo nell'era dell'intelligenza artificiale e di ChatGPT, è chiaro che queste tecnologie offrono sia immense opportunità che sfide significative. Abbracciando un approccio informato, etico e collaborativo, possiamo navigare con successo queste acque in rapido movimento, sfruttando il potenziale dell'IA per migliorare il mondo degli affari e, in ultima analisi, la società nel suo complesso.

9 7 9 8 8 6 9 2 8 1 9 9 9